AF495460

# L'EVANGILE
## DU
# JOUR.

*TOME PREMIER.*

# L'EVANGILE DU JOUR.

CONTENANT

COLIMAÇONS (Les) du Révérend Pere l'Efcarbotier, par la grace de Dieu, Capucin indigne, prédicateur ordinaire & cuifinier du grand Couvent de la Ville de Clermont en Auvergne. Au Révérend Pere Elie Carme chauffé, Docteur en Théologie.

CONSEILS RAISONABLES à M. *Bergier*, pour la Défenfe du Chriftianifme. Par une Société de Bacheliers en Théologie.

DISCOURS aux Confédérés Catholiques de Kaminiek en Pologne par le Major *Kaiferling*.

DROITS (Les) des *Hommes* & les *Ufurpations* des autres.

EPITRE (L') aux Romains, par le Comte *Pafferan* traduite de l'Italien.

HOMÉLIE du Pafteur *Broun*, prêchée à Londres le Jour de la Pentecôte, 1768.

FRAGMENT d'une Lettre du *Lord Bolingbroke*.

CONFESSION (La) de Foi des *Théiftes*.

REMONTRANCES du Corps des Pafteurs du Gévaudan à *Ant. Jean Ruftan*, Pafteur Suiffe à Londres.

SERMON du Papa *Nicolas Chariflteski*.

TOCSIN (Le) DES ROIS.

SECONDE EDITION AUGMENTÉE.

*LONDRES.*

MDCCLXXII.

BENG

LES

# COLIMAÇONS

*Du Révérend Pere l'Eſcarbotier, par la grace de Dieu Capucin indigne, prédicateur ordinaire, & cuiſinier du grand Couvent de la ville de Clermont en Auvergne.* Au Révérend Pere Elie, Carme chauſſé Docteur en Théologie. 1768.

## *PREMIERE LETTRE.*

Mon Révérend Pere,

IL y a quelque temps qu'on ne parlait que des Jéſuites, & à préſent on ne s'entretient que des eſcargots. Chaque choſe a ſon temps; mais il eſt certain que les Colimaçons dureront plus que tous nos ordres religieux: car il eſt clair que ſi on avait coupé la tête à tous les Capucins & à tous les Carmes, il ne pourraient plus recevoir de novices; au lieu qu'une limace à qui l'on a coupé le cou, reprend une nouvelle tête au bout d'un mois.

Pluſieurs Naturaliſtes ont fait cette expérience, & ce qui n'arrive que trop ſouvent, ils ne ſont pas du même avis. Les uns diſent que ce ſont les limaces ſimples, que j'appelle incoques, qui reprennent une tête; les autres diſent que ce ſont les eſcargots, les limaçons à coquilles. *Experientia fallax*, l'expérience même eſt trompeuſe. (1)

(1) Dans un Programme des reproductions animales imprimé à Geneve chez Claude Philibert, il eſt dit page 6 dans l'avis du traducteur, que la tête & les autres parties ſe reproduiſent dans l'eſcargot terreſtre; & que les cornes ſe reproduiſent dans le limaçon ſans coquille, c'eſt communément tout le contraire. Et d'ailleurs les limaces nues incoques, & le colimaçon à coquille ſont également terreſtres.

Il eſt très vraiſemblable que le ſuccès de cette tentative dépend de l'endroit dans lequel l'on fait l'amputation & de l'âge du patient. Je dois ſans vanité me connaître mieux en colimaçons que Meſſieurs de l'Académie des Sciences, & même que la Sorbonne qui ſe connaît à tout : car depuis que le bienheureux Matthieu Baſchi à qui Dieu apparut, nous ordonna de rendre notre capuchon plus pointu (dont nous tenons le grand nom de Capucins) nous avons toujours mangé des fricaſſées d'eſcargots aux fines herbes.

Comme les cuiſiniers ont toujours été des eſpeces d'anatomiſtes, je me ſuis donné ſouvent le plaiſir innocent de couper des têtes de colimaçons eſcargots à coquilles, & de limaces nues incoques. Je vais vous expoſer fidélement ce qui m'eſt arrivé. Je ſerais fâché d'en impoſer au monde; je ſuis prédicateur auſſi bien que cuiſinier; mon métier eſt de nourrir l'ame comme le corps, & *l'Univers* fait que je ne la nourris pas de menſonges.

Le vingt-ſept de Mai par les neuf heures du matin, le temps étant ſerein, je coupai la tête entiere avec ſes quatre antennes à vingt limaces nues incoques de couleur mort-doré brun; & à douze eſcargots à coquilles. Je coupai auſſi la tête à huit autres eſcargots, mais entre les deux antennes. Au bout de quinze jours, deux de mes limaces ont montré une tête naiſſante, elles mangeaient déjà & leurs quatre antennes commençaient à poindre. Les autres ſe portent bien, elles mangent ſous le capuchon qui les couvre ſans allonger encor le cou. Il ne m'eſt mort que la moitié de mes eſcargots, tous les autres ſont en vie. Ils marchent, ils grimpent à un mur, ils allongent le cou; mais il n'y a nulle apparence de tête, excepté à un ſeul. On lui avait coupé le cou entiérement, ſa tête eſt revenue; mais il ne mange pas encore. *Unus eſt ne deſperes ; ſed unus eſt ne confidas.* (2)

Ceux à qui l'on n'a fait l'opération qu'entre les quatre antennes ont déjà repris leur muſeau. Dès qu'ils ſeront en état de manger & de faire l'amour, j'aurai l'honneur d'en avertir votre Révérence. Voilà deux prodiges bien avérés : des animaux qui vivent ſans tête; des animaux qui reproduiſent une tête.

J'en ai ſouvent parlé dans mes ſermons, & je n'ai j'amais pu les comparer qu'à Saint Denis l'Aréopagite, qui ayant eu la tête coupée la porta deux lieues dans ſes bras en la baiſant tendrement.

Mais ſi l'hiſtoire de Saint Denis eſt d'une vérité Théologique, l'hiſtoire des Colimaçons eſt d'une vérité Phyſique, d'une vérité palpable dont tout le monde peut s'aſſurer par ſes yeux. L'avanture de Saint Denis eſt le miracle d'un jour, & celle des Colimaçons le miracle de tous les jours.

J'oſe eſpérer que les eſcargots reprendront des têtes entieres comme les limaces; mais enfin je n'en ai encor vu qu'un à qui cela ſoit arrivé, & je crains même de m'être trompé.

Si la tête revient difficilement aux eſcargots, ils ont en récompenſe des privileges bien plus conſidérables. Les Colimaçons ont le bonheur d'être à la fois mâles & femelles, comme ce beau garçon fils de Vénus & de Mercure, dont la Nimphe

(2) On eſt obligé de dire qu'on doute encore ſi cet eſcargot auquel il revient une tête, & dont une corne commence à paraître, n'eſt pas du nombre de ceux à qui l'on n'a coupé que la tête & deux antennes. Il eſt déjà revenu un muſeau à ceux-ci au bout de quinze jours. Ces expériences ſont certaines. Les plaiſanteries du Capucin ne doivent pas les affaiblir. *Ridendo dicere verum quid vetat?*

Salmacis fut amoureuſe. Pardon de vous citer des hiſtoires profanes.

Les Colimaçons ſont aſſurément l'eſpece la plus favoriſée de la nature. Ils ont de doubles organes de plaiſir. Chacun d'eux eſt pourvu d'une eſpece de carquois blanc, dont il lance des flêches amoureuſes longues de trois à quatre lignes. Ils donnent & reçoivent tour à tour; leurs voluptés ſont non-ſeulement le double des nôtres; mais elles ſont beaucoup plus durables. Vous ſavez, mon Révérend Pere, dans quel court eſpace de temps s'évanouït notre jouiſſance. Un moment la voit naître & mourir. Cela paſſe comme un éclair, & ne revient pas ſi ſouvent qu'on le dit, même chez les Carmes. Les Colimaçons ſe pâment trois, quatre heures entieres. C'eſt peu par rapport à à l'éternité; mais c'eſt beaucoup par rapport à vous & à moi. Vous voyez évidemment que Louis Racine a tort d'appeller le Colimaçon *ſolitaire odieux*, il n'y a rien de plus ſociable. J'oſe interpeller ici l'amant le plus tendre & le plus vigoureux; s'il était quatre heures entieres dans la même attitude avec l'objet de ſes chaſtes amours, je penſe qu'il ſerait bien ennuyé & qu'il déſirerait d'être quelque tems à lui-même; mais les Colimaçons ne s'ennuient point. C'eſt un charme de les voir s'approcher & s'unir enſemble par cette longue fraiſe qui leur ſert à la fois de jambes & de manteau. J'ai cent fois été témoin de leurs tendres careſſes. Si les limaces incoques n'ont, ni les deux ſexes, ni ces longs raviſſemens, la nature en récompenſe les fait renaître. Lequel vaut mieux? Je le laiſſe à décider aux Dames de Clermont.

Je n'oſerais aſſurer que les Eſcargots nous ſurpaſſent autant dans la faculté de la vue que dans celle de l'amour. On prétend qu'ils ont une double paire d'yeux comme un double inſtrument de tendreſſe. Quatre yeux pour un Colimaçon! ô Nature! Nature! Cela eſt très-poſſible; mais cela eſt-il bien vrai? Monſieur le Prieur de Jonval n'en doute pas dans le ſpectacle de la nature; & ceux qui n'ont vu de Colimaçons que dans ce livre en jurent après lui. Cependant la choſe m'a paru fauſſe. Voici ce que j'ai vu. Il y a un grain noir au bout de leurs grandes antennes ſupérieures. Ce point noir deſcend dans le creux de ces deux trompes quand on y touche, à travers une eſpece d'humeur vitrée, & remonte enſuite avec célérité; mais ces deux points noirs me ſemblent manquer abſolument dans les trompes, ou cornes, ou antennes inférieures qui ſont plus petites. Les deux grandes antennes ſont des yeux; les deux petites me paraiſſent des cornes, des trompes, avec leſquelles l'Eſcargot & la limace cherchent leur nourriture. Coupez les yeux & les trompes à l'Eſcargot & à la limace incoque, ces yeux ſe reproduiſent dans la limace incoque, peut-être qu'ils reſſuſciteront auſſi dans l'Eſcargot.

Je crois l'une & l'autre eſpece ſourde: car quelque bruit que l'on faſſe autour d'eux; rien ne les allarme. Si elles ont des oreilles, je me retracterai; cela ne coute rien à un galant homme.

Enfin, mon Révérend Pere, qu'ils ſoient ſourds ou non; il eſt certain que les têtes des limaces reſſuſcitent; & que les Colimaçons vivent ſans tête. *O altitudo divitiarum!*

## SECONDE LETTRE.

MEs Confreres ne pouvaient croire d'abord qu'un être qu'ils mangeaient, ressuscitât. J'avais beau leur mettre sous les yeux l'exemple des écrevisses auxquelles il revient des pattes, de certains vers de terre, non pas tous, auxquels il revient des queues, de nos cheveux, de nos dents, de notre peau qui renaissent. Ils me disaient que notre peau, nos dents, nos cheveux, nos ongles, & les pattes d'écrevisse ne pensent point; que la tête est le siege de la pensée & le principe de la sensation, que l'ame d'un Colimaçon réside dans la glande pinéale, qu'elle s'enfuit quand la tête est coupée, & ne revient jamais; qu'on n'a point vu d'homme sans tête, penser, marcher, raisonner, parler; & que si cela est arrivé à St. Denis & à d'autres, c'est un miracle qui était nécessaire dans les tems où il fallait planter la foi, mais qui ne l'est plus quand la foi a jetté ses profondes racines.

Je leur répondis qu'on avait depuis peu ressuscité deux pendus qui se mirent à penser dès qu'ils purent manger. Je leur citai ce brave chirurgien qui prétend très possible de remettre une tête sur le cou d'un décapité. Il n'y a, dit-il, qu'à faire tenir le patient debout, au lieu de le faire mettre ridiculement à genoux la tête basse, ce qui dérange le cours des esprits animaux.

*Os homini sublime dedit, cælumque tueri*
*Jussit, & erectos ad sidera tollere vultus.*

Il faut que le patient conserve sa position verticale; qu'un homme adroit & vigoureux lui pose les deux mains fermes sur la tête; & dès que l'exécuteur de la justice, ou injustice, aura coupé le cou, le Chirurgien-Major & deux Aides recoudront promptement la peau. Alors, rien n'ayant été dérangé, le sang coulant dans les mêmes muscles, la pensée restera toujours à la place où elle était. Voilà comme ce profond anatomiste explique la chose selon les principes de Haller.

Un de nos Peres qui a professé longtems la Philosophie fut très-content de ce Systême. Cela est bel & bon, dit-il; mais qu'est devenue l'ame de votre limace incoque & de votre escargot, pendant tout le temps que la tête était séparée du corps? Elle n'était pas dans cette tête coupée qui pourit au bout de quelques heures. Etait-elle dans ce corps sans tête? Y avait-il dans ce corps un germe de quatre cornes-d'yeux, de gozier, de dents, de mufle & de pensée.

Cette question curieuse en fit naître d'autres; nous demandâmes tous ce que c'est qu'une ame. Nous ressemblions aux médecins du maladie imaginaire.

*Quare opium facit dormire?*
*Quia est in eo virtus sopitiva quæ facit sopire.*
*Quare anima facit cogitare?*
*Quia est in ea virtus pensativa quæ facit pensare.*

Vous, mon révérend Pere, dont l'esprit est si immense & si creux, dites-moi, je vous prie, ce que c'est qu'une ame, & comment elle peut être reproduite dans un corps sans tête.

*Réponse du Révérend Pere Elie, Carme Chaussé.*

LA question que vous me proposez, mon révérend Pere, est la chose du monde la plus simple & la plus claire, pour peu qu'on ait étudié en Théologie. Le grand Saint Thomas, l'Ange de l'école, dit en termes exprès, l'ame est en toutes les parties du corps selon la totalité de sa perfection & de son essence, & non selon la totalité de sa vertu (3).

Or, la mémoire, entant que vertu conservative des especes intelligibles, regarde en partie l'intellect, & entant que représentant le passé comme passé, regarde l'ame sensitive. Donc les Colimaçons ont une ame.

Or, il est dit que l'ame des brutes (4) est dans le sang. Mais les Colimaçons n'ont point de sang; donc leur ame est dans leurs cornes, ce qui était à démontrer.

Pour les limaces incoques à qui on a coupé la tête, c'est toute autre chose. Une ame étant si subtile qu'il en tiendrait cent mille sur une puce, il arrive qu'aussitôt que la tête de la limace a été coupée, l'ame s'enfuit à son derriere & y reste jusqu'à ce que la tête soit reproduite. Alors elle reprend son ancien domicile. Rien n'est plus naturel & plus à sa place. La réproduction des parties génitales serait bien plus intéressante; & c'est sur cela que je vous prie de faire les expériences les plus exactes.

Si vous avez encor quelques difficultés, ne m'é-

(3) *Question LXXVI partie premiere.*
(4) *Deuteronome ch. 12, Lévitique ch. 16,*

pargnez pas. Je ſalue le R. P. Ange de *vino rubro*, & le R. P. *de pediculis*. Je ſuis fâché de la petite ſcene que votre Couvent a donnée derniérement en ſe battant à coups de poing; j'eſpere que tout tournera à la plus grande gloire de Saint François d'Aſſiſe & du bienheureux Matthieu Baſchi que Dieu abſolve.

## *TROISIEME LETTRE,*

### *Du Révérend Pere L'Eſcarbotier.*

JE vous envoie, mon Révérend Pere, une diſſertation d'un Phyſicien de St. Flour en Auvergne à laquelle je n'entends rien. Je vous ſupplie de m'en dire votre avis. Je n'ai pas le tems de vous écrire plus au long. Je ſors de chaire, & je vais à la cuiſine. Dieu vous ſoit en aide.

### *Diſſertation du Phyſicien de St. Flour.*

J'Adore l'intelligence ſuprême dans un Colimaçon & dans des millions de ſoleils allumés par ſa puiſſance éternelle; mais je ne connais ni la ſtructure intime de ces mondes, ni celle d'un Colimaçon. Par quel art le Polype (ſi c'eſt un animal, ce qui n'eſt pas aſſurément éclairci) renait-il quand on l'a coupé en cent morceaux, & produit-il ſes ſemblables des débris mêmes de ſon corps? Par quel myſtere non moins incompréhenſible le Limaçon reprend-il une tête nouvelle avec les organes de la génération? Il eſt doué certainement du mouvement ſpontané de volonté & de déſirs. A-t-il ce qu'on appelle une ame? je fais gloire de n'en rien ſavoir, & d'ignorer ce que c'eſt qu'une ame.

Tout ce que je sais avec certitude c'est que la génération des Colimaçons est aussi ancienne que le monde, & qu'il est aussi vrai qu'il est né de son semblable qu'il est vrai que rien ne se fait de rien depuis qu'il existe quelque chose.

Presque tous les philosophes savent aujourd'hui combien on s'empressa de se tromper il y a environ quinze ans, quand le Jésuite Irlandais nommé Néedham s'avisa de croire, & de faire croire que non seulement il avait fait des anguilles avec de la farine de bled ergoté, & avec du jus de mouton bouilli au feu, mais même que ces anguilles en avaient produit d'autres, & que dans plusieurs de ses expériences les végétaux s'étaient changés en animaux. Néedham aussi étrange raisonneur que mauvais chymiste, ne tira pas de cette prétendue expérience les conséquences naturelles qui se présentent. Ses supérieurs ne l'eussent pas souffert. Il était en France déguisé en homme, & attaché à un Archevêque, personne ne savait qu'il fût Jésuite.

Un Géomètre, un Philosophe, un homme qui a rendu des grands services à la Physique, & dont j'ai toujours estimé les travaux, l'érudition & l'éloquence, eut le malheur d'être séduit par cette expérience chimérique. Presque tous nos Physiciens furent entraînés dans l'erreur comme lui. Il arriva enfin qu'un Charlatan ignorant tourna la tête à des Philosophes savans. C'est ainsi qu'un gros commis des Fermes dans la Basse-Brétagne, nommé Malcrais de la Vigne, fit accroire à tous les beaux esprits de Paris qu'il était une jeune & jolie femme, laquelle faisait fort bien des vers.

Si Néedham le Jésuite avait été en effet un bon Physicien, si ses observations avaient été justes, si du persil se change en animal, si de la colle de farine, du jus de mouton bien bouilli, & bien bouché dans un vase de verre inaccessible à l'action de l'air, produisent des anguilles qui deviennent bientôt meres, voilà toute la nature bouleversée; voilà l'ancienne erreur ressuscitée que la corruption est mere de la génération. Il n'y a plus de germe; & ce que Lucrece avec toute l'antiquité jugeait impossible va s'accomplir.

*Ex omnibus rebus*
*Omne genus nasci posset, nil semine egeret.*
*Ex undis homines, ex terra posset oriri*
*Squammiferum genus, & volucres erumpere cælo,*
*Armenta & pecudes .....ferre omnes omnia possent.*

Le hazard incertain de tout alors dispose.
L'animal est sans germe, & l'effet est sans cause.
On verra les humains sortir du fond des mers,
Les troupeaux bondissants tomber du haut des airs,
Les poissons dans les bois naissant sur la verdure;
Tout pourra tout produire, il n'est plus de nature.

Lucrece avoit assurément raison en ce point de physique, quelqu'ignorant qu'il fût d'ailleurs; & il est démontré aujourd'hui aux yeux & à la raison qu'il n'est ni de végétal, ni d'animal qui n'ait son germe. On le trouve dans l'œuf d'une poule comme dans le gland d'un chêne. Une puissance formatrice préside à tous ces dévelopements d'un bout de l'Univers à l'autre. Il est triste que l'Académicien qui se laissa tromper par les fausses expériences de Néedham se soit hâté de substituer à l'évidence des germes, ses molécules organiques. Il forma un Univers. On avait déjà dit que la plupart des

Philoſophes à l'exemple du chimérique Deſcartes avaient voulu reſſembler à Dieu, & faire un monde avec la parole.

A peine le pere des molécules organiques était à moitié chemin de ſa création, que voilà les anguilles meres & filles qui diſparaiſſent. Monſieur Spalanzani, excellent obſervateur, fait voir à l'œil la chimere de ces prétendus animaux, comme la raiſon la démontrait à l'eſprit. Les molécules organiques s'enfuient avec les anguilles dans le néant dont elles ſont ſorties. Elles vont y trouver l'attraction par laquelle un ſonge-creux formait les enfans dans la Vénus Phyſique; Dieu rentre dans ſes droits; il dit à tous les Architectes de ſyſtêmes comme à la mer, *Procedes huc & non ibis amplius.*

Il eſt donné à l'homme de voir, de meſurer, de compter & de peſer les œuvres de Dieu; mais il ne lui eſt pas donné de les faire.

Maillet Conſul au Caire imagina que la mer avait tout fait, que ſes eaux avaient formé les montagnes, & que les hommes devaient leur origine aux poiſſons. Le même Phyſicien, qui malgré ſes lumieres adopta les anguilles de Néedham, donna encor dans les Montagnes de Maillet. Il eſt ſi perſuadé de la formation de ſes montagnes qu'il ſe moque de ceux qui n'en croient rien. Cela s'appelle en vérité ſe moquer du monde. Mais s'il lui eſt permis, comme à tout homme perſuadé, de traiter du haut en bas les incrédules, il n'eſt pas défendu aux incrédules de lui expoſer modeſtement leurs doutes. Il doit du-moins pardonner à celui qui a dit que la formation des mers par le Caucaſe & par les Alpes, ſerait encor moins contre la vraiſemblance que la formation des Alpes & du Caucaſe par les mers. Car au moins on voit tomber es rivieres de ces neiges éternelles dont les hautes ontagnes ſont couvertes, & ces rivieres pourraient toute force avoir formé des mers. Mais comment l'Océan par ſon flux & par ſes courants aurait-il élevé le Mont St. Gothard de 16500 pieds au deſſus du niveau de la mer, telle qu'elle eſt aujourd'hui? Le lit qui eſt à préſent celui de l'Océan était, dit-on, terre ferme alors, & les Alpes étaient mer. Mais ne voit-on pas que le lit de l'Océan eſt creuſé, & que ſans cette profondeur la mer couvrirait la ſuperficie du globe? Comment l'Océan aurait-il pu ſe percher d'un côté ſur le mont blanc, & de l'autre ſur les cordelieres à ſeize, à dix-ſept mille pieds de haut, & laiſſer à ſec toutes les plaines? Comment les animaux auraient-ils vécu dans ces plaines ſans eau de riviere? Tout cela n'eſt-il pas d'une impoſſibilité démontrée? Et n'eſt-ce pas l'hiſtoire ſurnaturelle plutôt que la naturelle?

Pour ſe tirer de cet embaras, on a recours aux Iles qui ſont des rochers, & on prétend que la terre qui était alors à la place de l'Océan avait ſes rivieres qui deſcendaient de ces Iles. Mais il n'y a pas une ſeule Ile conſidérable dans la mer pacifique, depuis Panama juſqu'aux Mariannes dans l'eſpace de cent dix degrés. On ne voit pas dans les mers du Sud & du Nord une Ile qui ait une riviere de cent pieds de large. Peut-on s'aveugler au point de ne pas voir que les montagnes des deux continents ſont des pieces eſſentielles à la machine du globe, comme les os le ſont aux *bipedes* & aux *quadrupedes*?

Mais la mer a quitté ſes rivages; elle a laiſſé à ſec les ruines de Carthage; Ravenne n'eſt plus un port de mer, &c. Eh bien, parce que la mer ſe ſera retirée à dix, à vingt mille pas d'un côté, cela prouve-t-il qu'elle ait voyagé pendant des multitudes de siecles, à mille, à deux mille lieues sur la cime des montagnes? Oui, dites-vous, *car on trouve partout des coquilles de mer; & le porphire n'est composé que de pointes d'oursin. Il y a des glossopetres, des langues de chien marin pétrifiées sur les plus hautes montagnes, les cornes d'Ammon qui sont des pétrifications du Nautilus poisson des Indes, sont communes dans les Alpes; enfin le Fallum de Touraine, avec lequel on fume les terres, est un long amas de coquilles. On voit de ces tas de coquilles aux environs de Paris & de Rheims, &c.*

J'ai vu une partie de tout cela, & j'ai douté. Quand la mer serait venue insensiblement jusqu'en Champagne, & s'en serait retournée insensiblement dans la suite des tems, cela ne prouverait pas qu'elle eut monté sur le Mont St. Bernard. J'y ai cherché des huitres, je n'y en ai point trouvé. Et en dernier lieu, tout l'état major qui a mesuré cette chaîne horrible de rochers n'y a pas vu le moindre vestige de coquilles. Les bords escarpés du Rhône en sont incrustés, mais c'est évidemment de coquilles de Colimaçons, de bivales, de petits testacés, très-fréquens dans tous les lacs voisins. De coquilles de mer on n'en trouve jamais.

Il n'y a pas long-tems que dans un de mes champs à cent cinquante lieues des côtes de Normandie, un laboureur déterra vingt quatre douzaines d'huitres; on cria miracle; c'était des huitres qu'on m'avait envoyées de Dieppe il y avait trois ans. Je suis de l'avis de l'homme aux quarante écus, qui dit que des Médailles romaines trouvées au fond d'une cave à six cents lieues de Rome, ne prouvent pas qu'elles avoient été fabriuées dans cette cave. Quant au fallum de Touaine dont on se sert pour fumer les terres, si c'étaient des coquilles de mer, elles feraient assurément un très-mauvais fumier, & on aurait une auvre récolte. J'ai ouï dire à des Tourangeaux u'il n'y a pas une seule vraie coquille dans ces inieres, que c'est une masse de pierres calcaires alcinées par le tems, ce qui est très vraisemblable. En effet, si la mer avait déposé dans une suite prodigieuse de siecles ces lits de petits crustacés, pourquoi n'en trouverait-on pas autant dans les autres Provinces ?

Faut-il que tous les Physiciens aient été les dupes d'un visionnaire nommé Palissi ? C'était un potier de terre qui travaillait pour le Roi Louis XIII, il est l'auteur d'un livre intitulé *le moyen de devenir riche, & la maniere véritable par laquelle tous les hommes de France pourront apprendre à multiplier & augmenter leur trésor & possessions, par Maître Bernard Palissi, inventeur de rustiques figulines du Roi.* Ce titre seul suffit pour faire connaître le personnage. Il s'imagina qu'une espece de marne pulvérisée qui est en Touraine était un magazin de petits poissons de mer. Des Philosophes le crurent. Ces milliers de siecles pendant lesquels la mer avait déposé ses coquilles à trente six lieues dans les terres les charmerent, & me charmeraient tout comme eux, si la chose était vraie. Mais qu'on me montre seulement douze vraies coquilles tirées de ces minieres.

Le Porphire composé de pointes d'oursin! Juste Ciel quelle chimere! j'aimerais autant dire que le diamant est composé de pattes d'oie. Avec quelle confiance ne nous répete-t-on pas sans cesse que les glossopetres dont quelques colines sont couvertes, sont des langues de chien marin! quoi! dix ou douze mille marsouins seraient venus déposer leurs langues dans le même endroit il y a quelque cinquante mille années! quoi! la nature qui forme des pierres en étoiles, en volutes, en piramides, en globe, en cube, ne pourra pas en avoir produit qui ressemblent fort mal à des langues de poisson. J'ai marché sur cent cornes d'Ammon de cent grandeurs différentes, & j'ai toujours été surpris qu'on n'ait pas voulu permettre à la terre de produire ces pierres, elle qui produit des bleds & des fruits plus admirables sans doute que des pierres en volute.

Mais on aime les systêmes, & depuis que Palissi a cru que les mines calcaires de Touraine étaient des couches de petoncles, de glands de mer, de buccins, de pholades, cent naturalistes l'ont répété. On s'intéresse à un systême qui fait remonter les choses à des milliers de siecles. Le monde est vieux, d'accord; mais a-t-on besoin de cette preuve pour réformer la chronologie? Combien d'autres ont répété qu'on avait trouvé un ancre de vaisseau sur la cime d'une montagne de. Suisse, & un vaisseau entier à cent pieds sous terre? Teliamed triomphe sur cette belle découverte. On a vu un vaisseau dans les abîmes de la Suisse en 1460: donc on navigait autrefois sur le St. Bernard & sur le St. Gothart: donc la mer a couvert autrefois tout le globe; donc alors le monde n'a été peuplé que de poissons: donc lorsque les eaux se sont retirées & ont laissé le terrein à sec, les poissons se sont changés en hommes! Cela est fort beau; mais j'ai de la peine à croire que je descende d'une morue.

Si l'on veut du merveilleux, il en est assez sans le

le chercher dans de telles hypothèſes. Les huitres, les pucerons qui produiſent leurs ſemblables ſans s'accoupler, les ſimples vers de terre qui reproduiſent leurs queues, les limaces auxquelles il revient des têtes, ſont des objets aſſez dignes de la curioſité d'un Philoſophe.

Cet animal à qui je viens de couper la tête eſt-il encore animé? Oui ſans doute, puiſque l'Eſcargot décapité remue & montre ſon cou, puiſqu'il vit, puiſque la tête revient en moins d'un mois à des Limaces incoques.

Cet animal a-t-il des ſenſations avant que ſa tête ſoit revenue? Je dois le croire puiſqu'il remue le cou, qu'il l'étend, & que dès qu'on y touche, il le reſſerre.

Peut-on avoir des ſenſations ſans avoir au-moins quelque idée confuſe? Je ne le crois pas: car toute ſenſation eſt plaiſir ou douleur, & on a la perception de cette douleur, & de ce plaiſir. Autrement ce ſerait ne pas ſentir.

Qui donne cette ſenſation, cette idée commencée? Celui qui a fait le limaçon, le ſoleil & les aſtres. Il eſt impoſſible qu'un animal ſe donne des ſenſations à lui même. Le ſceau de la Divinité eſt dans les apperceptions d'un ciron, comme dans le cerveau de Newton.

On cherche à expliquer comment on ſent, comment on penſe. Je m'en tiens au poëte Aratus que St. Paul a cité.

*In Deo vivimus, movemur & ſumus.*

Ah! ſi Mallebranche avoit voulu tirer de ce principe toutes les conſéquences qu'il en pouvait tirer! Peut-être quelqu'un renouera le fil qu'il a rompu.

*Fin de cette Dissertation.*

*Réponse du Carme au Capucin, & son sentiment sur la Dissertation précédente.*

GArdez-vous bien, mon Révérend Pere, de vous laisser séduire par les Philosophes dangereux qui avancent que tous les animaux & les végétaux naissent d'un germe qui se développe & que rien ne vient de corruption. C'est une hérésie damnable.

St. Thomas dit en termes formels. *Primum in generatione est ultimum in corruptione.* Là où la corruption finit la génération commence. St. Paul dans la premiere aux Corinthiens parle ainsi aux incrédules. *Mais dira quelqu'un, Comment les morts ressusciteront-ils? Insensés, ne voyez-vous pas que les grains semés par vous ne se vivifient point s'ils ne meurent.* Il dit ensuite. *On seme dans la corruption, on recueille dans l'incorruption.* Voyez l'Evangile de St. Jean chapitre douze: *Si un grain de froment tombant en terre ne meurt pas, il demeure inutile; mais s'il meurt il donne beaucoup de fruit.*

Il est donc évident que c'est la pourriture qui est la mere de tout ce qui respire.

A l'égard de l'Océan qui a couvert les montagnes, St. Thomas n'en dit rien. Aussi je ne vous en parlerai pas. Le nom d'Océan ne se trouve jamais dans l'Ecriture; de-là je juge que cet Océan dont on parle tant est fort peu de chose.

Mais pour les montagnes je suis entiérement de l'avis de ceux qui pensent qu'elles se sont formées en peu de tems: Car vous trouverez au Pſeaume 96 que les montagnes ont fondu comme de la cire. Vous trouvez auſſi au Pſeaume 113. qu'elles ont danſé comme des béliers. Or ſi étant fondues au Pſeaume 96. elles ont danſé au Pſeaume 113. il faut donc qu'elles ſe ſoient entiérement relevées. dans l'eſpace de 17 Pſeaumes. Cela eſt démontré en rigueur.

Vous ſavez que la théorie des montagnes fait une grande partie de notre théologie, ſurtout quand elles ſont plantées de vignes. Nous avons été fondé ſur le Mont Carmel, mandez-moi s'il eſt vrai que vous l'ayiez été à Montmartre. Adieu, que les Colimaçons qui vous ſont ſoumis & tous les inſectes qui vous accompagnent, béniſſent toujours votre révérence.

*Réflexion de l'Editeur.*

QUoi qu'il en ſoit de tout cela, il eſt indubitable que les Limaces incoques retrouvent des têtes en quinze jours ou trois ſemaines après qu'on les leur a coupées entiérement, que les Colimaçons à coque, les Eſcargots, commencent à reprendre une petite tête au bout du même tems, pourvu que l'on ait eu ſoin de couper cette tête entre les quatre antennes. Il n'y a point de petit garçon qui ne puiſſe faire cette expérience; mais y a-t-il quelque homme fait qui puiſſe l'expliquer? Hélas les philoſophes & les théologiens raiſonnent tous en petits garçons. Qui me dira comment une ame, un principe de ſenſations & d'idées réſide entre quatre cornes, & comment l'ame reſtera dans l'animal quand les quatre cornes & la tête ſont coupées? On ne peut gueres dire d'une

Limace : *Igneus eſt illis vigor & cœleſtis origo* ; il ſerait difficile de prouver que l'ame d'un Colimaçon qui n'eſt qu'une glaire en vie ſoit un feu céleſte. Enfin ce prodige d'une tête renaiſſante inconnu depuis le commencement des choſes juſqu'à nous, eſt plus inexplicable que la direction de l'aimant. Cet étonnant objet de notre curioſité confondue tient à la nature intime des choſes, aux premiers principes, qui ne ſont pas plus à notre portée que la nature des habitans de Sirius & de Canope. Pour peu qu'on creuſe on trouve un abime infini. Il faut admirer & ſe taire.

FIN.

# CONSEILS
## RAISONNABLES

*A Monſieur Bergier, pour la défenſe du Chriſtianiſme. Par une ſociété de Bacheliers en Théologie.*

### I.

NOus vous remercions, Monſieur, d'avoir eſſayé de juſtifier la Religion Chrétienne des reproches que le ſavant Mr. Fréret lui fait dans ſon livre, & nous eſpérons que dans une nouvelle Edition vous donnerez à votre réponſe encor plus de force & de vérité. Nous commençons par vous ſupplier, pour l'honneur de la religion, de la France & de la Maiſon Royale, de retrancher ces cruelles paroles qui vous ſont échapées (5).

*C'eſt une fauſſeté d'attribuer uniquement au fanatiſme l'aſſaſſinat de Henri IV. Il n'eſt plus douteux que la vraie cauſe de ce parricide n'ait été la jalouſie furieuſe d'une femme, & l'ambition de quelques gens de la cour.*

Eſt-il poſſible, Monſieur, que pour défendre le Chriſtianiſme, vous accuſiez une aïeule du roi régnant du plus horrible des parricides, je ne dis pas ſans la moindre preuve, je dis ſans la moindre préſomption? Eſt-ce à un défenſeur de la religion chrétienne à être l'écho de l'abbé Langlet, & à oſer affirmer même ce que ce compilateur n'a fait que ſoupçonner.

Un Théologien ne doit pas adopter des bruits populaires. Quoi! Monſieur, une rumeur odieu-

(5) *Pag.* 102.

ſe l'emportera ſur les pieces authentiques du procès de Ravaillac! Quoi! lorſque Ravaillac jure ſur ſa damnation à ſes deux confeſſeurs, qu'il n'a point de complices, lorſqu'il le répete dans la torture, lorſqu'il le jure encore ſur l'échafaut, vous lui donnez pour complice une reine à qui l'hiſtoire ne reproche aucune action violente.

Eſt-il poſſible que vous vouliez inſulter la maiſon royale pour diſculper le fanatiſme! Mais n'eſt-ce pas ce même fanatiſme qui arma le jeune Chatel? N'avoua-t-il pas qu'il n'aſſaſſina notre grand, notre adorable Henri IV que pour être moins rigoureuſement damné? Et cette idée ne lui avait-elle pas été inſpirée par le fanatiſme des Jéſuites? Jaques Clement qui ſe confeſſa & qui communia pour ſe préparer ſaintement à l'aſſaſſinat du Roi Henri III., Baltazar Gérard qui ſe munit des mêmes ſacrements avant d'aſſaſſiner le Prince d'Orange, étaient-ils autre choſe que des fanatiques? Nous vous montrerions cent exemples effroyables de ce que peut l'entouſiaſme religieux, ſi vous n'en étiez pas mieux inſtruit que nous.

## II.

Ayez encor la bonté de ne plus faire l'apologie du meurtre de Jean Hus & de Jérome de Prague. (6) Oui, Monſieur, le Concile de Conſtance les aſſaſſina avec des formes juridiques, malgré le ſauf-conduit de l'Empereur. Jamais le droit des gens ne fut plus ſolemnellement violé. Jamais on ne commit une action plus atroce avec plus de cérémonies. Vous dites pour vos raiſons; *la principale cauſe du ſupplice de Jean Hus, fut les troubles que ſa doctrine avait excités en Bohême.*

(6) *Page* 106.

Non, Monsieur, ce ne fut point le trouble excité en Bohême qui porta le Concile à ce meurtre horrible. Il n'est pas dit un mot *de ce trouble* dans son libelle de proscription appellé décret. Jean Hus & Jérome de Prague ne furent juridiquement assassinés, que parce qu'ils n'étaient pas jugés ortodoxes, & qu'ils ne voulurent pas se rétracter. Il n'y avait encor aucun vrai trouble en Bohême. Ce fut cet assassinat qui fut vengé par vingt ans de troubles & de guerres civiles. S'il y avait eu des troubles, c'était à l'Empereur & non au Concile à en juger, à moins qu'étant prêtre vous ne prétendiez que les prêtres doivent être les seuls Magistrats, comme on l'a prétendu à Rome.

Ce qu'il y eut de plus étrange, c'est qu'il fut arrêté sur un simple ordre du Pape, de ce même Pape Jean XXIII. chargé des crimes les plus énormes, mis ensuite en prison lui-même & déposé par le Concile. Cet homme convaincu d'assassinat, de simonie & de sodomie ne fut que déposé; & Jean & Jérome pour avoir dit qu'un mauvais Pape n'est point Pape, que les Chrétiens doivent communier avec du vin, & que l'Eglise ne doit pas être trop riche, furent condamnés aux flammes.

Ne justifiez plus les crimes religieux: vous canoniseriez bientôt la St. Barthelémi & les massacres d'Irlande; ce ne sont pas là des preuves de la vérité du Christianisme.

## III.

Vous dites (7): *il est faux que l'on doive à la religion Catholique les horreurs de la St. Barthelémi.*

(7) *Page* 112.

Hélas ! Monſieur, eſt-ce à la religion des Chinois & des Brames qu'on en eſt redevable?

## IV.

Vous citez l'aveu d'un de vos ennemis (8) qui dit que les guerres de religion *ont leur cauſe à la Cour*. Mais ne voyez-vous pas que cet auteur s'exprime auſſi mal qu'il penſe? Ne ſavez-vous pas que ſous François I., Henri II. & François II. on avoit brulé plus de quatre cents citoyens, & entre autres le Conſeiller du Parlement Anne Dubourg, avant que le Prince de Condé prît ſecrétement le parti des réformés? Sentez combien l'auteur que vous citez ſe trompe.

Je vous défie de me montrer aucune ſecte parmi nous, qui n'ait pas commencé par des Théologiens & par la populace, à commencer par les querelles d'Athanaſe & d'Arius, juſqu'aux Convulſionnaires. Quand les eſprits ſont échauffés, quand le gouvernement en exerçant des rigueurs imprudentes allume lui-même par la perſécution le feu qu'il croit éteindre; quand les martyrs ont fait de nouveaux proſélites, alors quelque homme puiſſant ſe met à la tête du parti, alors l'ambition crie de tous côtés, religion, religion, Dieu, Dieu; alors on s'égorge au nom de Dieu. Voilà, Monſieur, l'hiſtoire de toutes les ſectes, excepté celle des primitifs appellés Quacres.

Nous oſons donc nous flatter que déſormais en réfutant Mr. Fréret, vous aurez plus d'attention à ne pas affaiblir notre cauſe par des allégations trop indignes de vous.

(8) *Page* 116.

## V.

Nous pensons qu'il faut convenir que la religion chrêtienne est la seule au monde dans laquelle on ait vu une suite presque continue pendant quatorze cents années, de discordes, de persécutions, de guerres civiles & d'assassinats pour des arguments théologiques. Cette funeste vérité n'est que trop connue; plût à Dieu qu'on pût en douter. Il est donc, à notre avis, très nécessaire que vous preniez une autre route. Il faut que votre science & votre esprit se consacrent à démêler par quelle voie une religion si divine a pu seule avoir ce privilege infernal.

## VI.

Nos adversaires prétendent que la cause de ces fléaux si longs & si sanglants est dans ces paroles de l'Evangile, *Je suis venu apporter le glaive & non la paix.*

*Que celui qui n'écoute pas l'Eglise soit comme un Gentil ou comme un Chevalier Romain, un fermier de l'Empire*, (car publicain signifiait un Chevalier Romain Fermier des revenus de l'Etat.)

Ils disent ensuite que Jésus étant venu donner une loi, n'a jamais rien écrit; que les Evangiles sont obscurs & contradictoires; que chaque société chrétienne les expliqua différemment; que la plupart des docteurs ecclésiastiques furent des Grecs Platoniciens qui chargerent notre Religion de nouveaux mysteres dont il n'y a pas un seul mot dans les Evangiles.

Que ces Evangiles n'ont point dit que Jésus fût consubstantiel à Dieu; que Jésus fût descendu aux enfers; qu'il eût deux natures & deux volontés;

que Marie fût Mere de Dieu; que les Laïques ne dussent pas faire la Pâque avec du vin; qu'il y eût un chef de l'Eglise qui dût être Souverain de Rome; qu'on dût acheter de lui des dispenses & des indulgences; qu'on dût adorer des cadavres d'un culte de Dulie, & cent autres nouveautés qui ont ensanglanté la terre pendant tant de siecles. Ce sont là les funestes assertions de nos ennemis, ce sont là les prestiges que vous deviez détruire.

## VII.

Il serait très digne de vous de distinguer ce qui est nécessaire & divin de ce qui est inutile & d'invention humaine.

Vous savez que la premiere nécessité est d'aimer Dieu & son prochain, comme tous les peuples éclairés l'ont reconnu de tous les tems. La justice, la charité marchent avant tout. La Brinvilliers, la Voisin, la Tophana, cette célebre empoisonneuse de Naples, croyaient que Jésu-Christ avait deux natures & une personne, & que le St. Esprit procédait du Pere & du Fils, &c. Ravaillac, le Jésuite le Tellier, & Damiens en étaient persuadés. Il faut donc, à ce qu'il nous semble, insister beaucoup sur ce premier, sur ce grand devoir d'aimer Dieu, de le craindre & d'être juste. (9)

## VIII.

A l'égard de la foi, comme les écrits de St. Paul sont les seuls dans lesquels le précepte de croire soit exposé avec étendue, ne pouriez-vous pas expliquer clairement ce que veut dire ce grand

(9) *Diliges Deum tuum, & proximum tuum sicut te ipsum.*

Apôtre par ces paroles divines adressées aux Juifs de Rome, & non aux Romains (car les Juifs n'étaient pas Romains.)

*La Circoncision est utile si vous observez la loi Judaïque; mais si vous prévariquez contre cette loi, votre circoncision devient prépuce. Si donc le prépuce garde les justices de la loi, ce prépuce ne sera-t-il pas réputé Circoncision? Ce qui est prépuce de sa nature consommant la loi, te jugera toi qui prévariques contre la loi, par la lettre & la Circoncision:* & ensuite, *Détruisons-nous donc la loi?* (c'est toujours la loi Judaïque) *à Dieu ne plaise; mais nous établissons la foi. — Si Abraham a été justifié par ses œuvres, il y a de quoi se glorifier, mais non devant Dieu.*

Il y a cent autres endroits pareils qui mis par vous dans un grand jour, pourraient éclairer nos incrédules dont le nombre prodigieux augmente si sensiblement.

## IX.

Après ces préliminaires, venons à présent, Monsieur, à votre dispute avec feu Monsieur Fréret sur la maniere dont il faut s'y prendre pour réfuter nos ennemis.

Nous aurions souhaité que vous eussiez donné moins de prise contre nos apologies en regardant comme des auteurs irréfragables Tertullien & Eusebe. Vous savez bien que le révérend Pere Mallebranche traite Tertullien de fou, & qu'Eusebe était un Arien qui compilait tous les contes d'Egesipe. Ne montrons jamais nos côtés faibles quand nous en avons de si forts.

## X.

Nous sommes fâchés que vous avanciez (10) *que les auteurs des Evangiles n'ont point voulu inspirer d'admiration pour leur maître.* Il est évident qu'on veut inspirer de l'admiration pour celui dont on dit qu'il s'est transfiguré sur le Tabor, & que ses habits sont devenus tout blancs pendant la nuit, qu'Elie & Moyse sont venus converser avec lui, qu'il a confondu les Docteurs dès son enfance; qu'il a fait des miracles, qu'il a ressuscité des morts, qu'il est ressuscité lui-même. Vous avez peut-être voulu dire que le stile des Evangiles est très simple, qu'il n'a rien d'admirable ; nous en convenons ; mais il faut convenir aussi qu'ils tendent dans leur simplicité à rendre admirable Jésus-Christ comme ils le doivent.

Il n'y a en cela nulle différence entre ce qui nous reste des cinquante Evangiles rejettés, & les quatre Evangiles admis. Tous parlent avec cette même simplicité que nos adversaires appellent grossiéreté. Exceptons-en le premier chapitre de St. Jean que les Alogiens & d'autres ont cru n'être pas de lui. Il est tout-à-fait dans le stile Platonicien, & nos adversaires ont toujours soupçonné qu'un Grec Platonicien en était l'auteur.

## X I.

Vous prétendez, Monsieur, (11) que feu Mr. Fréret confond deux choses très differentes, la vérité des Evangiles & leur authenticité. Comment n'avez-vous pas pris garde qu'il faut absolument que ces écrits soient authentiques pour être reconnus

(10) *Page* 23. (11) *Page* 16.

vrais? Il n'en eſt pas d'un livre divin qui doit contenir notre loi comme d'un ouvrage prophane. Celui-ci peut être vrai ſans avoir des témoignages publics & irréfragables qui dépoſent en ſa faveur. L'hiſtoire de Philippe de Comines peut contenir quelques vérités ſans le ſceau de l'approbation des contemporains. Mais les actions d'un Dieu, les paroles d'un Dieu doivent être conſtatées par le témoignage le plus authentique. Tout homme peut dire, Dieu m'a parlé, Dieu a fait tels & tels prodiges; mais on ne doit le croire qu'après avoir entendu ſoi-même cette voix de Dieu, après avoir vu ſoi-même ces prodiges; & ſi on ne les a ni vus ni entendus, il faut des enquêtes qui nous tiennent lieu de nos yeux & de nos oreilles.

Plus ce qu'on nous annonce eſt ſurnaturel & divin, plus il nous faut de preuves. Je ne croirai point la foule des hiſtoriens qui ont dit que Veſpaſien guérit un aveugle & un paralitique, s'ils ne m'apportent des preuves authentiques & indubitables de ces deux miracles.

Je ne croirai point ceux d'Apollonius de Thiane s'ils ne ſont conſtatés par la ſignature de tous ceux qui les ont vus. Ce n'eſt pas aſſez, il faut que ces témoins aient tous été irréprochables, incapables d'être trompeurs & d'être trompés; & encor après toutes ces conditions eſſentielles, tous les gens ſenſés douteront de la vérité de ces faits: ils en douteront parce que ces faits ne ſont point dans l'ordre de la nature.

C'eſt donc à vous, Monſieur, de nous prouver que les Evangiles ont toute l'authenticité que nous exigeons ſur les miracles de Veſpaſien & d'Apollonius de Thiane. Le nom d'Evangile n'a été connu d'aucun auteur Romain. Ces livres étaient même en très-peu de mains parmi les chrétiens. C'était entre eux un mystere sacré qui n'était même jamais communiqué aux catécumenes pendant les trois premiers siecles. Les Evangiles sont vrais, mais on vous soutiendra qu'ils n'étaient pas authentiques. Les miracles de l'Abbé Paris ont eu mille fois plus d'authenticité; ils ont été recueillis par un Magistrat, signés d'un nombre prodigieux de témoins oculaires, présentés publiquement au Roi par ce Magistrat même. Jamais il n'y eut rien de plus authentique; & cependant jamais rien de plus faux, de plus ridicule, & de plus universellement méprisé.

Voyez, Monsieur, à quoi vous nous exposez par vos raisonnemens qu'on peut si aisément faire valoir contre nos saintes vérités.

## XII.

*Jésus*, dites-vous, (12), *nous a assurés lui-même de sa propre bouche, qu'il était né d'une Vierge par l'opération du St. Esprit.* Hélas! Monsieur, où avez-vous pris cette étrange anecdote? Jamais Jésus n'a dit cela dans aucun de nos quatre Evangiles; jamais il n'a même rien dit qui en approche. Est-il possible que vous ayiez préparé un tel triomphe à nos ennemis? Est-il permis de citer à faux Jésus-Christ? avez-vous pu lui attribuer de votre propre main ce que sa propre bouche n'a point prononcé? avez-vous pu imaginer qu'on serait assez ignorant pour vous en croire sur votre propre méprise? & celà seul ne répand-il pas une dangereuse faiblesse sur votre propre livre?

(12) *Page* 23.

## XIII.

Nous vous faisons, Monsieur, des représentations sans suite, comme vous écrivez. Mais elles tendent toutes au même but. Vous dites que c'est une témérité condamnable dans Mr. Fréret, d'avoir soutenu que le symbole des Apôtres n'avait point été fait par les Apôtres. Rien n'est cependant plus vrai que cette assertion du savant Fréret. Ce symbole qui est sans-doute un résumé de la croyance des Apôtres fut rédigé en articles distincts vers la fin du quatrieme siecle. En effet, si les Apôtres avaient composé cette formule pour servir de regle aux fideles, les actes des Apôtres auraient-ils passé sous silence un fait si important? Avouons que le faussaire qui attribue à St. Augustin l'histoire du symbole des Apôtres dans son sermon 40. est bien répréhensible. Il fait parler ainsi St. Augustin: Pierre dit, *Je crois en Dieu pere tout puissant*; André dit, *& en Jésus-Christ son fils*; Jaques ajouta, *qu'il a été conçu du St. Esprit* &c. Dans le Sermon 115. tout cet ordre est renversé. Malheureusement le premier auteur de ce conte est St. Ambroise dans son 38. Sermon. Tout ce que nous pouvons faire c'est d'avouer que St. Ambroise & St. Augustin étant hommes & sujets à l'erreur, se sont trompés sur la foi d'une tradition populaire.

## XIV.

Hélas! que les premiers Chrétiens n'ont-ils pas supposé? le Testament des douze patriarches, les Constitutions Apostoliques, des vers des Sibilles en Acrostiches, des lettres de Pilate, des lettres de Paul à Séneque, des lettres de Jésus-Christ à un Prince d'Edesse &c. &c. Ne le dissimulons point; à peine avaient-ils dans le ſecond ſiecle un ſeul livre qui ne fût ſuppoſé. Tout ce qu'on a répondu avant vous, c'eſt que ce ſont des fraudes pieuſes; mais que direz-vous quand on vous ſoutiendra que toute fraude eſt impie, & que c'eſt un crime de ſoutenir la vérité par le menſonge?

## X V.

Que vous importe que le livre du Paſteur ſoit d'Hermas? Quel que ſoit ſon auteur, le livre en eſt-il moins ridicule? Reliſez en ſeulement les premieres lignes, & vous verrez s'il y a rien de plus plattement fou. *Celui qui m'avait nourri vendit un jour une certaine fille à Rome. Or après pluſieurs années je la vis & je la reconnus; & je commençai à l'aimer comme ma ſœur; quelque temps après je la vis ſe baigner dans le Tibre, je lui tendis la main, je la fis ſortir de l'eau, & l'ayant regardée, je diſais dans mon cœur, que je ſerais heureux ſi j'avais une telle femme, ſi belle & ſi bien appriſe!*

Ne trouvez-vous pas, Monſieur, qu'il eſt bien eſſentiel au Chriſtianiſme que ces bêtiſes aient été écrites par un Hermas ou par un autre?

## X V I.

Ceſſez de vouloir juſtifier la fraude de ceux qui inſérerent dans l'Hiſtoire de Flavien Joſephe, ce fameux paſſage touchant Jéſus-Chriſt, paſſage reconnu pour faux par tous les vrais ſavants. Quand il n'y aurait dans ce paſſage ſi mal-adroit que ces ſeuls mots, *il était le Chriſt*, ne ſeraient-ils pas ſuffiſants pour conſtater la fraude aux yeux de tout homme de bon ſens? N'eſt-il pas abſurde que Joſephe, ſi attaché à ſa nation & à ſa Religion,

gion, ait reconnu Jésus pour *Christ*? Eh mon ami, si tu le crois *Christ*, fais toi donc Chrétien: si tu le crois Christ, fils de Dieu, Dieu lui-même, comment n'en dis-tu que quatre mots?

Prenez garde, Monsieur, quand on combat dans le siecle où nous sommes en faveur des fraudes pieuses des premiers siecles, il n'y a point d'homme de bon sens qui ne vous fasse perdre votre cause. Confessons, encore une fois, que toutes ces fraudes sont très criminelles; mais ajoutons qu'elles ne font tort à la vérité que par l'embarras extrême & par la difficulté qu'on éprouve tous les jours en voulant distinguer le vrai du faux.

## XVII.

Laissez-là, croyez moi, le voyage de St. Pierre à Rome, & son pontificat de vingt-cinq ans. S'il était allé à Rome, les Actes des Apôtres en auraient dit quelque chose; St Paul n'aurait pas dit expressément, mon Evangile est pour le prépuce, & celui de Pierre pour les Circoncis. (13) Un voyage à Rome est bien mal prouvé, quand on est forcé de dire qu'une Lettre écrite de Babilone a été écrite de Rome. Pourquoi St. Pierre seul de tous les Disciples de Jésus aurait-il dissimulé le lieu d'où il écrivait? cette fausse date est-elle encor une fraude pieuse? quand vous datez vos Lettres de Bezançon, celà veut-il dire que vous êtes à Quimpercorentin?

Il y a très-grande apparence que si on avait été bien persuadé dans les premiers siecles du séjour de St. Pierre à Rome, la premiere église qu'on y a bâtie n'aurait pas été dédiée à St. Jean. Les premiers qui ont parlé de ce voyage méritent-ils d'ail-

(13) *Epit. aux Galates ch. 2.*

leurs tant de croyance? Ces premiers auteurs font Marcel, Abdias, & Egéfipe. Franchement, ce qu'ils rapportent du défi fait par Simon le prétendu magicien à Simon Pierre le prétendu voyageur, l'hiftoire de leurs chiens, & de leur querelle en préfence de l'Empereur Néron, ne donnent pas une idée bien avantageufe des écrivains de ce tems là. Ne fouillons plus dans ces mazures: leurs décombres nous feroient trop fouvent tomber.

## XVIII.

Nous avons peur que vous n'ayez raifonné d'une maniere dangereufe en vous prevalant du témoignage de l'Empereur Julien. Songez que nous n'avons point tout l'ouvrage de Julien; nous n'en avons que des fragments rapportés par St. Cirille fon adverfaire, qui ne lui répondit qu'après fa mort, ce qui n'eft pas généreux. Penfez-vous en effet que Cirille ne lui aura pas fait dire tout ce qui pouvait être le plus aifément réfuté! & penfez-vous que Cirille l'ait en effet combattu avec avantage? pefez bien les paroles qu'il rapporte de cet Empereur: les voici. *Jéfus n'a fait pendant fa vie aucune action remarquable à moins qu'on ne regarde comme une grande merveille de guérir des boiteux & des aveugles, & d'exorcifer des démons dans les villages de Bethzaïde & de Béthanie.*

Le fens de ces paroles n'eft-il pas évidemment, „ Jéfus n'a rien fait de grand; vous prétendez qu'il „ a paffé pour guérir des aveugles & des boiteux, „ & pour chaffer des démons; mais tous nos de„ mi-dieux ont eu la réputation de faire de bien „ plus grandes chofes. Il n'eft aucun peuple qui „ n'ait fes prodiges, il n'eft aucun temple qui „ n'attefte des guérifons miraculeufes. Vous n'a-

„ vez en cela aucun avantage ſur nous, au-con-
„ traire, notre religion a cent fois plus de prodi-
„ ges que la vôtre. Si vous avez fait de Jéſus un
„ Dieu, nous avons fait avant vous cent dieux de
„ cent héros; nous poſſédons plus de dix mille at-
„ teſtations de guériſons opérées au temple d'Eſ-
„ culape & dans les autres temples. Nous en-
„ chantions les ſerpents, nous chaſſions les mau-
„ vais génies avant que vous exiſtaſſiez. Pour
„ nous prouver que votre Dieu l'emporte ſur les
„ nôtres & eſt le Dieu véritable, il faudrait qu'il
„ ſe fût fait connoître par toutes les nations;
„ rien ne lui était plus aiſé; il n'avait qu'un mot
„ à dire; il ne devait pas ſe cacher ſous la forme
„ d'un charpentier de village. Le Dieu de l'uni-
„ vers ne devait pas être un miſérable Juif con-
„ damné au ſupplice des eſclaves. Enfin, de quoi
„ vous aviſez-vous, charlatans & fanatiques nou-
„ veaux, de vous préférer inſolemment aux an-
„ ciens charlatans & aux anciens fanatiques?"

Voilà nettement le ſens des paroles de Julien. Voilà ſurement ſon opinion, voilà ſon argument dans toute ſa force: il nous fait frémir, nous ne le rapportons qu'avec horreur; mais perſonne n'y a jamais répondu, vous ne deviez pas expoſer la religion chrétienne à de ſi terribles rétorſions.

## XIX.

Vous avouez qu'il y a eu ſouvent de la fraude & des illuſions dans les poſſeſſions & dans les exorciſmes. Et après cet aveu vous voulez prouver que Jéſus envoya le diable du corps de deux poſſédés dans le corps de deux mille cochons qui allerent ſe noyer dans le lac de Génézareth; ainſi un diable ſe trouva dans deux mille corps à la fois, ou si vous voulez deux diables dans mille corps, ou bien Dieu envoya deux mille diables.

Pour peu que vous eussiez eu de prudence, vous n'auriez pas parlé d'un tel miracle; vous n'auriez pas excité les risées de tous les gens de bon sens, vous auriez dit avec le grand Origene que ce sont des tipes, des paraboles. Vous vous seriez souvenu qu'il n'y eut jamais de cochons chez les Juifs ni chez les Arabes leurs voisins. Vous auriez fait réflexion que si contre toute vraisemblance quelque marchand eût conduit deux mille cochons dans ces contrées, Jésus aurait commis une très-méchante action de noyer ces deux mille porcs; qu'un tel troupeau est une richesse très-considérable. Le prix de deux mille porcs a toujours surpassé celui de dix mille moutons. Noyer ces bêtes ou les empoisonner c'est la même chose. Que feriez-vous d'un homme qui aurait empoisonné dix mille moutons?

Des témoins oculaires, dites-vous, rapportent cette histoire. Ignorez-vous ce que répondent les incrédules? ils ne regardent comme vrais témoins oculaires que des citoyens domiciliés dignes de foi, qui interrogés publiquement par le Magistrat sur un fait extraordinaire, déposent unanimement qu'ils l'ont vu, qu'ils l'ont examiné. Des témoins qui ne se contredisent jamais. Des témoins dont la déposition est conservée dans les archives publiques revêtue de toutes les formes. Sans ces conditions ils ne peuvent croire un fait ridicule en lui-même, & impossible dans les circonstances dont on l'accompagne. Ils rejettent avec indignation & avec dédain des témoins dont les livres n'ont été connus dans le monde que plus de cent années après l'événement; des livres dont aucun auteur contemporain n'a jamais parlé ; des livres qui se contredisent les uns les autres à chaque page ; des livres qui attribuent à Jésus deux généalogies absolument différentes, & qui ne sont que la généalogie de Joseph qui n'est point son père : des livres pour lesquels, disent-ils, vous auriez le plus profond mépris, & que vous ne daigneriez pas réfuter s'ils étaient écrits par des hommes d'une autre religion que la vôtre. Ils crient que vous pensez comme eux dans le fond de votre cœur, & que vous avez la lâcheté de soutenir ce qu'il vous est impossible de croire. Pardonnez nous de vous rapporter leurs funestes discours. Nous n'en usons ainsi que pour vous convaincre qu'il fallait employer pour soutenir la religion chrétienne une méthode toute différente de celle dont on s'est servi jusqu'à présent. Il est évident qu'elle est très mauvaise ; puis qu'à mesure qu'on fait un nouveau livre dans ce goût, le nombre des incrédules augmente. L'ouvrage de l'Abbé Houtteville qui ne chercha qu'à étaler de l'esprit & des mots nouveaux, a produit une foule de contradicteurs, & nous craignons que le vôtre n'en fasse naître davantage.

## XX.

Dieu nous préserve de penser que vous sacrifiez la vérité à un vil intérêt, que vous êtes du nombre de ces malheureux mercenaires qui combattent par des arguments pour assurer & pour faire respecter les immenses fortunes de leurs maîtres, qui s'exténuent dans la triste récherche de tous les fatras théologiques, afin que de voluptueux ignorants comblés d'or & d'honneurs laissent tomber pour eux quelques miettes de leurs tables. Nous fommes très loin de vous prêter des vues fi baffes & fi odieufes. Nous vous regardons comme un homme abufé par la fimplicité de fa candeur.

Vous alléguez pour prouver la réalité des poffeffions, que St. Paulin vit un poffédé qui fe tenait les pieds en haut à la voute d'une Eglife, & qui marchait la tête en bas fur cette voute comme un antipode, fans que fa robe fe retrouffât; vous ajoutez que St. Paulin furpris d'une marche fi extraordinaire, crut mon homme poffédé du diable, & envoya vite chercher des reliques de St. Félix de Nole qui le guérirent fur le champ. Cette cure confiftait apparemment à le faire tomber de la voute la tête la premiere. Eft-il poffible, Monfieur, que dans un fiecle tel que le nôtre, vous ofiez rapporter de telles niaiferies qui auraient été fiflées au quinzieme fiecle.

Vous ajoutez que Sulpice Sévere attefte qu'un homme à qui on avait donné des reliques de St. Martin, s'éleva tout d'un coup en l'air les bras étendus & y refta longtems. Voilà fans-doute un beau miracle, bien utile au genre humain, bien édifiant; comptez-vous cela, Monfieur, parmi les preuves du Chriftianifme?

Nous vous confeillons de laiffer ces hiftoires avec celle de St. Paul l'hermite à qui un corbeau apporta tous les jours pendant quarante ans la moitié d'un pain, & à qui il apporta un pain entier quand St. Antoine vint dîner avec lui; avec l'Hiftoire de St. Pacôme qui faifait fes vifites monté fur un crocodile; avec celle d'un autre St. Paul hermite qui trouvant un jour un jeune homme couché avec fa femme, lui-dit, couchez avec ma femme tant que vous voudrez, & avec mes enfans auffi; après quoi il alla dans le défert.

## XXI.

Enfin, Monſieur, vous regrettez que les poſſeſſions du diable, les ſortileges & la magie *ne ſoient plus de mode* (ce ſont vos expreſſions), nous joignons nos regrets aux vôtres. Nous convenons en effet que l'ancien Teſtament eſt fondé en partie ſur la magie, témoin les miracles des ſorciers de Pharaon, la Pithoniſſe d'Endor, les enchantements des ſerpents &c. Nous ſavons auſſi que Jéſus donna miſſion à ſes diſciples de chaſſer les diables; mais croyez-nous, ce ſont là de ces choſes dont il eſt convenable de ne jamais parler. Les Papes ont très ſagement défendu la lecture de la Bible; elle eſt trop dangereuſe pour ceux qui n'écoutent que leur raiſon. Elle ne l'eſt pas pour vous qui êtes théologien, & qui ſavez immoler la raiſon à la théologie; mais quel trouble ne jette-t-elle pas dans un nombre prodigieux d'ames éclairées & timorées? Nous ſommes témoins que votre livre leur inſpire mille doutes. Si tous les Laïques avaient le bonheur d'être ignorans, ils ne douteraient pas. Ah! Monſieur, que le ſens commun eſt fatal!

## XXII.

Vous auriez pu vous paſſer de dire que les Apôtres & les Diſciples ne s'adreſſerent pas ſeulemen à la plus vile populace, mais qu'ils perſuaderent auſſi quelques grands Seigneurs. Premierement ce fait eſt évidemment faux. En ſecond lieu, cela marque un peu trop d'envie de plaire aux grands Seigneurs de l'Egliſe d'aujourd'hui; & vous ſavez trop bien que du tems des Apôtres il n'y avait ni Evêque intitulé Monſeigneur, & doté de cent mille écus de rente; ni d'Abbé crossé mitré, ni serviteur des serviteurs de Dieu maître de Rome & de la cinquieme partie de l'Italie.

## XXIII.

Vous parlez toujours de martirs. Eh! Monsieur, ne sentez-vous pas combien cette misérable preuve s'éleve contre nous. Insensés & cruels que nous sommes, quels barbares ont jamais fait plus de martirs que nos barbares ancêtres! Ah! Monsieur, vous n'avez donc pas voyagé! vous n'avez pas vu à Constance la place où Jérome de Prague dit à un des bourreaux du concile qui voulait allumer son bucher par derriere, *allume par devant, si j'avais craint les flammes je ne serais pas venu ici.*

Avez-vous jamais passé dans Paris par la Grêve où le Conseiller clerc Anne Dubourg neveu du Chancelier, chanta des cantiques avant son supplice? Savez-vous qu'il fut exhorté à cette héroïque constance par une jeune femme de qualité nommée Madame De La Caille qui fut brulée quelques jours après lui? Elle était chargée de fers dans un cachot voisin du sien, & ne recevait le jour que par une petite grille pratiquée en haut dans le mur qui séparait ces deux cachots. Cette femme entendait le conseiller qui disputait sa vie contre ses juges par les formes des loix. *Laissez-là*, lui cria-t-elle, *ces indignes formes, craignez-vous de mourir pour votre Dieu?*

Voilà ce qu'un indigne historien tel que le Jésuite Daniel n'a garde de rapporter, & ce que d'Aubigné & les contemporains nous certifient.

Faut-il vous montrer ici la foule de ceux qui furent exécutés à Lyon dans la place des Terraux depuis 1546? Faut-il vous faire voir Mademoiſelle De Cagnon ſuivant dans une charette cinq autres charettes chargées d'infortunés condamnés aux flammes parce qu'ils avaient le malheur de ne pas croire qu'un homme pût changer du pain en Dieu. Cette Fille malheureuſement perſuadée que la religion réformée eſt la véritable, avait toujours répandu des largeſſes parmi les pauvres de Lyon. Ils entouraient en pleurant la charette où elle était traînée chargée de fers. *Hélas!* lui-criaient-ils, *nous ne recevrons plus d'aumône de vous. Eh bien*, dit-elle, *vous en recevrez encor*, & elle leur jetta ſes mules de velours que ſes bourreaux lui avaient laiſſées.

Avez-vous vu la place de l'eſtrapade à Paris? elle fut couverte ſous François I. de corps réduits en cendre. Savez-vous comme on les faiſoit mourir? on les ſuſpendait à de longues baſcules qu'on élevait & qu'on baiſſait tour-à-tour ſur un vaſte bucher, afin de leur faire ſentir plus longtems toutes les horreurs de la mort la plus douloureuſe. On ne jettait ces corps ſur les charbons ardents que lorſqu'ils étaient preſque entiérement rotis, & que leurs membres retirés, leur peau ſanglante & conſumée, leurs yeux brulés, leur viſage défiguré ne leur laiſſaient plus l'apparence de la figure humaine.

Le Jéſuite Daniel ſuppoſe ſur la foi d'un infâme écrivain de ce tems-là, que François I. dit publiquement qu'il traiterait ainſi le Dauphin ſon fils s'il donnait dans les opinions des réformés. Perſonne ne croira qu'un Roi qui ne paſſait pas pour un Néron ait jamais prononcé de ſi abominables paroles. Mais la vérité eſt que tandis qu'on faiſait à Paris ces ſacrifices de ſauvages qui ſurpaſſent tout ce que l'inquiſition a jamais fait de plus horrible,

François I. plaisantait avec ses courtisans, & couchait avec sa maîtresse. Ce ne sont pas là, Monsieur, des histoires de Ste. Potamienne, de Ste. Ursule & des onze mille vierges; c'est un récit fidele de ce que l'histoire a de moins incertain.

Le nombre des martirs réformés soit Vaudois, soit Albigeois, soit Evangéliques est innombrable. Un de vos ancêtres, du moins un homme de votre nom, Pierre Bergier, fut brulé à Lyon en 1552. avec René Poyet parent du chancelier Poyet. On jetta dans le même bucher Jean Chambon, Louis Dimonet, Louis De Marsac, Etienne De Gravot, & cinq jeunes écoliers. Je vous ferais trembler si je vous faisais voir la liste des martirs que les protestants ont conservée.

Pierre Bergier chantait un pseaume de Marot en allant au supplice. Dites nous en bonne foi si vous chanteriez un pseaume latin en pareil cas? Dites nous si le supplice de la potence, de la roue ou du feu est une preuve de la religion? C'est une preuve sans-doute de la barbarie humaine. C'est une preuve que d'un côté il y a des bourreaux, & de l'autre des persuadés.

Non, si vous voulez rendre la religion chrêtienne aimable, ne parlez jamais de martirs. Nous en avons fait cent fois, mille fois plus que tous les Payens. Nous ne voulons point répéter ici ce qu'on a tant dit des massacres des Albigeois, des habitans de Mérindol, de la St. Barthelemi, de soixante ou quatre-vingt mille Irlandais protestants égorgés, assommés, pendus, brulés par les Catholiques; de ces millions d'Indiens tués comme des lapins dans des garennes aux ordres de quelques moines. Nous frémissons, nous gémissons; mais il faut le dire; parler de martirs à des chrétiens, c'est parler de gibets & de roue à des bourreaux & à des records.

XXIV.

Que pourrions-nous vous représenter encor, Monsieur, après ce tableau aussi vrai qu'épouvantable que vous nous avez forcés de vous tracer de nos mains tremblantes? Oui, à la honte de la nature, il y a encor des fanatiques assez barbares des hommes assez dignes de l'enfer, pour dire qu'il faut faire périr dans les supplices tous ceux qui ne croient pas à la religion chrétienne que vous avez si mal défendue. C'est ainsi que pensent encor les inquisiteurs, tandis que les Rois & leurs Ministres devenus plus humains émoussent dans toute l'Europe le fer dont ces monstres sont armés. Un Evêque en Espagne a proféré ces paroles devant des témoins respectables de qui nous les tenons, *Le Ministre d'état qui a signé l'expulsion des Jésuites mérite la mort.* Nous avons vu des gens qui ont toujours à la bouche ces mots cruels contrainte & châtiment, & qui disent hautement que le christianisme ne peut se conserver que par la terreur & par le sang.

Je ne veux pas vous citer ici un autre Evêque de la plus basse naissance, qui séduit par un fanatique s'est expliqué avec plus de fureur qu'on n'en a jamais reproché aux Dioclétiens & aux Décius.

La terre entiere s'est élevée contre les Jésuites, parce qu'il étaient persécuteurs; mais qu'il se trouve quelque Prince assez peu éclairé, assez mal conseillé, assez faible pour donner sa confiance à un Capucin, à un Cordelier, vous verrez les Cordeliers & les Capucins aussi insolents, aussi intriguants, aussi persécuteurs, aussi ennemis de la puissance civile que les Jésuites l'ont été. Il faut que la Magistrature soit par-tout occupée sans cesſe à réprimer les attentats des moines. Il y a maintenant dans Paris un Cordelier qui prêche avec la même imprudence & la même fureur que le Cordelier Feu-Ardent prêchait du tems de la ligue.

Quel homme a jamais été plus perſécuteur chez ces mêmes Cordeliers que leur prédicateur Poiſſon? Il exerça ſur eux un pouvoir ſi tyrannique que le miniſtere fut obligé de le faire dépoſer de ſa place de provincial & de l'exiler. Que n'eut-il point fait contre les laïques? Mais cet ardent perſécuteur était-il un homme perſuadé, un fanatique de religion? Non, c'était le plus hardi débauché qui fût dans tout l'ordre. Il ruina le grand couvent de Paris en filles de joie. Le procès de la femme Du Moutier qui redemanda quatre mille francs après la mort de ce moine exiſte encor au greffe de la Tournelle criminelle. Percez la muraille du parvis avec Ezéchiel (14), vous verrez des ſerpents, des monſtres & l'abomination de la maiſon d'Iſraël.

XXV.

Si vous avez malheureuſement invité nos ennemis à s'irriter de tant de ſcandales, de tant de cruautés, d'une ſoif ſi intariſſable de l'argent, des honneurs & du pouvoir de cette lutte éternelle de l'Egliſe contre l'état, de ces procès interminables dont les tribunaux rétentiſſent; ne leur aprêtez point à rire en diſcutant des hiſtoires qu'on ne doit jamais approfondir. Qu'importe hélas! à notre ſalut que le Démon Aſmodée ait tordu le cou à ſept maris de Sara, & qu'il ſoit aujourd'hui enchaîné chez les Turcs dans la haute Egypte ou dans la baſſe?

Vous auriez pu vous abſtenir de louer l'action de Judith qui aſſaſſina Holoferne en couchant avec

(14) *Ezech. ch. 8. vs. 7.*

lui. Vous dites pour la justifier (15), *que chez les anciens peuples comme chez les sauvages, le droit de la guerre était féroce & inhumain.* Vous demandez, *en quoi l'action de Judith est différente de celle de Mutius Scevola?* voici la différence, Monsieur; Scevola n'a point couché avec Tarquin, & Tite Live n'est point mis par le Concile de Trente au rang des livres Canoniques.

Pourquoi vouloir examiner l'édit d'Assuerus qui fit publier que dans dix mois on massacrerait tous les Juifs, parce qu'un d'eux n'avait pas salué Aman! Si ce Roi a été insensé, s'il n'a pas prévu que les Juifs auraient pendant dix mois le tems de s'enfuir, quel rapport celà peut-il avoir à nos devoirs, à la piété, à la charité?

On vous arrêterait à chaque page, à chaque ligne: il n'y en a presque point qui ne prépare un funeste triomphe à nos ennemis.

Enfin, Monsieur, nous sommes persuadés que dans le siecle où nous vivons la plus forte preuve qu'on puisse donner de la vérité de notre religion est l'exemple de la vertu. La charité vaut mieux que la dispute. Une bonne action est préférable à l'intelligence du dogme. Il n'y a pas huit cents ans que nous savons que le Saint Esprit procede du pere & du fils. Mais tout le monde sait, depuis quatre mille ans, qu'il faut être juste & bienfaisant. Nous en appellons de votre livre à vos mœurs mêmes; & nous vous conjurons de ne point deshonorer des mœurs si honnêtes par des argumens si faibles & si misérables. &c.

Signé, Chambon, Dumoulin, Desjardins & Verzenot.

(15) *Page 154. seconde partie.*

# DISCOURS

*aux Confédérés Catholiques de Kaminick en Pologne, par le Major Kaiserling au service du Roi de Prusse.* 1768.

BRAVES Polonais, vous qui n'avez jamais plié sous le joug des Romains conquérants, voudriez-vous être aujourd'hui les esclaves & les satellites de Rome théologienne?

Vous n'avez jusqu'ici pris les armes que pour votre liberté commune; faudra-t-il que vous combattiez pour rendre vos Concitoyens esclaves? Vous détestez l'oppression; vous ne voudrez pas sans doute opprimer vos freres.

Vous n'avez eu depuis longtems que deux véritables ennemis, les Turcs & la Cour de Rome. Les Turcs voulaient vous enlever vos frontieres, & vous les avez toujours repoussés; mais la Cour de Rome vous enleve réellement le peu d'argent que vous tiriez de vos terres. Il faut payer à cette Cour les Annates des Bénéfices, les dispenses, les indulgences. Vous avouez que si elle vous promet le Paradis dans l'autre monde, elle vous dépouille dans celui-ci. *Paradis* signifie Jardin. Jamais on n'acheta si cher un Jardin dont on ne jouit pas encore. Les autres communions vous en promettant autant; mais du moins elles ne vous le font point payer. Par quelle fatalité voudriez-vous servir ceux qui vous rançonnent, & exterminer ceux qui vous donnent le Jardin gratis? La raison sans doute vous éclairera, & l'humanité vous touchera.

Vous êtes placés entre les Turcs, les Russes, les Suédois, les Danois & les Prussiens. Les Turcs croient en un seul Dieu, & ne le mangent point; les Grecs le mangent ſans avoir encor décidé ſi c'eſt à la maniere de la communion Romaine: & d'ailleurs en admettant trois perſonnes divines, ils ne croient point que la derniere procede des deux autres. Les Suédois, les Danois, les Pruſſiens mangent Dieu à la vérité, mais d'une façon un peu différente des Grecs: Ils croient manger du pain, & boire un coup de vin en mangeant Dieu.

Vous avez auſſi ſur vos frontieres pluſieurs Egliſes de Pruſſe où l'on ne mange point Dieu; mais où l'on fait ſeulement un léger repas de pain & de vin en mémoire de lui; & aucune de ces religions ne ſait préciſément comment la troiſieme perſonne procede. Vous êtes trop juſtes pour ne pas ſentir dans le fond de votre cœur qu'après tout il n'y a là aucune cauſe légitime de répandre le ſang des hommes. Chacun tâche d'aller au Jardin par le chemin qu'il a choiſi; mais en vérité il ne faut pas les égorger ſur la route.

D'ailleurs vous ſavez que ce ne fut que dans les pays chauds qu'on promit aux hommes un *Paradis*, un *Jardin*; & que ſi la religion Juive avait été inſtituée en Pologne, on vous aurait promis de bons poëles. Mais ſoit qu'on doive ſe promener après ſa mort, ou reſter auprès d'un fourneau, je vous conjure de vivre paiſibles dans le peu de tems que vous avez à jouir de la vie.

Rome eſt bien éloignée de vous; & elle eſt riche; vous êtes pauvres; envoyez lui encor le peu d'argent que vous avez en lettres de change tirées par les Juifs. Dépouillez vous pour l'Egliſe Romaine; vendez vos fourures pour faire des préſents à notre Dame de Lorette à plus de quinze cents milles de Kaminiek. Mais n'inondez pas les environs de Kaminiek du ſang de vos Compatriotes. Car nous pouvons vous aſſurer que Notre-Dame qui vint autrefois de Jéruſalem à la marche d'Ancône par les airs, ne vous ſaura jamais aucun gré d'avoir déſolé votre Patrie.

Soyez encor très perſuadés que ſon Fils n'a jamais commandé du Mont des Olives, & du Torrent de Cédron, qu'on ſe maſſacrât pour lui ſur les bords de la Viſtule.

Votre Roi que vous avez choiſi d'une voix unanime, a cédé dans une Diette ſolemnelle aux inſtances des plus ſages têtes de la nation qui ont demandé la tolérance. Une puiſſante Impératrice le ſeconde dans cette entrepriſe, la plus humaine, la plus juſte, la plus glorieuſe dont l'eſprit humain puiſſe jamais s'honorer. Ils ſont les bienfaicteurs de l'humanité entiere, n'en ſoyez pas les deſtructeurs. Voudriez-vous n'être que des homicides ſanguinaires ſous prétexte que vous êtes Catholiques?

Votre Primat eſt *Catholique* auſſi. Ce mot veut dire univerſel, quoiqu'en effet la religion Catholique ne compoſe pas la centieme partie de l'Univers; mais ce ſage Primat à compris que la véritable maniere d'être univerſel eſt d'embraſſer dans ſa charité tous les peuples de la terre, & d'être ſurtout l'ami de tous ſes Concitoiens. Il a ſçu que ſi un homme peut en quelque ſorte, ſans blaſphême, reſſembler à la Divinité, c'eſt en chériſſant tous les hommes dont Dieu eſt également le pere. Il a ſenti qu'il était patriote Polonais avant d'être ſerviteur du Pape qui eſt le ſerviteur des ſerviteurs de Dieu. Il s'eſt uni à pluſieurs Prélats qui, tout catholiques univerſels qu'ils ſont, ont cru que l'on ne doit pas priver

ſes

ſes freres du droit de Citoyens, ſous prétexte qu'ils vont au Jardin par une autre allée que vous.

Cette auguſte Impératrice qui vient d'établir la tolérance pour la premiere de ſes loix dans le plus vaſte Empire de la terre, ſe joint à votre Roi, à votre Primat, à vos principaux Palatins, à vos plus dignes Evêques, pour vous rendre humains & heureux. Au nom de Dieu & de la nature, ne vous obſtinez pas à être barbares & infortunés.

Nous avouons qu'il y a parmi vous de très ſavants Moines qui prétendent que Jéſus ayant été ſupplicié à Jéruſalem, la religion chrétienne ne doit être ſoutenue que par des bourreaux, & qu'ayant été vendu trente deniers par Judas, tout Chrétien doit les intérêts échus de cet argent à notre S. Pere le Pape ſucceſſeur de Jéſus.

Ils fondent ce droit ſur des raiſons à la vérité très-plauſibles, & que nous reſpectons.

Premiérement ils diſent que l'aſſemblée étant fondée ſur la pierre, & Simon Barjône payſan Juif, né auprès d'un petit lac Juif, ayant changé ſon nom en celui de Pierre, ſes ſucceſſeurs ſont par conſéquent la pierre fondamentale, & ont à leur ceinture les clefs du Royaume des Cieux & celles de tous les coffres forts. C'eſt une vérité dont nous ſommes bien loin de diſconvenir.

Secondement ils diſent que le Juif *Simon Barjône la Pierre*, fut Pape à Rome pendant vingt cinq ans ſous l'Empire de Néron qui ne régna que onze années, ce qui eſt encor inconteſtable.

Troiſiémement ils affirment d'après les plus graves hiſtoriens Chrétiens qui imprimerent leurs livres dans ce tems-là, livres connus dans tout l'Univers, publiés avec privilege, dépoſés dans la Bibliotheque d'Apollon Palatin, & loués dans tous les journaux : ils affirment, dis-je, que Simon Barjône Cepha la Pierre, arriva à Rome quelque temps après Simon Vertu de Dieu, ou Vertu-Dieu le magicien; que Simon Vertu-Dieu envoya d'abord un de ses chiens faire ses compliments à Simon Barjône, lequel lui envoya sur le champ un autre chien le saluer de sa part; qu'ensuite les deux Simons disputerent à qui ressusciterait un mort; que Simon Vertu-Dieu ne ressuscita le mort qu'à moitié, mais que Simon Barjône le ressuscita entiérement. Cependant selon la maxime *dimidium facti qui bene cepit habet*, Simon Vertu Dieu ayant opéré la moitié de la résurrection prétendit que le plus fort étant fait, Simon Barjône n'avait pas eu grand peine à faire le reste, & qu'ils devaient tous deux partager le prix. C'était au mort d'en juger; mais comme il ne parla point, la dispute restait indécise. Néron pour en décider proposa aux deux ressusciteurs un prix pour celui qui volerait le plus haut sans aîles. Simon Vertu-Dieu vola comme une hirondelle; Barjône la Pierre qui n'en pouvait faire autant, pria le Christ ardemment de faire tomber Simon Vertu-Dieu & de lui casser les jambes. Le Christ n'y manqua pas. Néron indigné de cette supercherie fit crucifier la Pierre la tête en bas. C'est ce que nous racontent Abdias, Marcellus & Egesyppus contemporains, les Thucidides & les Xénophons des Chrétiens. C'est ce qui a été regardé comme voisin d'un article de foi, *vicinus articulo fidei*, pendant plusieurs siecles, ce que les balayeurs de l'Eglise de St. Pierre nous disent encore, ce que les Révérends Peres Capucins annoncent dans leurs Missions, ce qu'on croit sans doute à Kaminiek. "

Un Jésuite de Thorn m'alléguait avant-hier,

que c'eſt le ſaint uſage de l'Egliſe chrétienne, *& que Jéſus Dieu, la ſeconde perſonne de Dieu, a dit charitablement, je ſuis venu apporter le glaive & non la paix, je ſuis venu pour diviſer le fils & le pere, la fille & la mere, &c. qui n'écoute pas l'aſſemblée ſoit comme un payen ou un receveur des deniers publics.* L'Impératrice de Ruſſie, le Roi de Pologne, le Prince Primat n'écoutent pas l'aſſemblée, donc on doit ſacrifier le ſang de l'Impératrice, du Roi & du Primat, au ſang de Jéſus répandu pour extirper de la terre le péché qui la couvre encor de toutes parts.

Ce bon Jéſuite fortifia cette apologie en m'aprenant qu'ils eurent en 1724 la conſolation de faire pendre, décapiter, rouer, bruler à Thorn un très grand nombre de Citoyens, parce que de jeunes écoliers avaient pris chez eux une image de la Vierge mere de Dieu, & qu'ils l'avaient laiſſé tomber dans la boue.

Je lui dis que ce crime était horrible, mais que le châtiment était un peu dur, & que j'y aurais déſiré plus de proportion. Ah! s'écria-t-il avec entouſiaſme, on ne peut trop venger la famille du Dieu des vengeances; il ne ſaurait ſe faire juſtice lui-même, il faut bien que nous l'aidions. Ce fut un ſpectacle admirable, tout était plein, nous donnâmes au ſortir du théâtre un grand ſouper aux juges, aux bourreaux, aux géoliers, aux délateurs, & à tous ceux qui avaient coopéré à cette ſainte œuvre. Vous ne pouvez vous faire une idée de la joie avec laquelle tous ces Meſſieurs racontaient leurs exploits; comme ils ſe vantaient, l'un d'avoir dénoncé un de ſes parents dont il était héritier, l'autre d'avoir fait revenir les juges à ſon opinion quand il conclut à la mort; un troiſieme & un quatrieme d'avoir tourmenté un patient plus longtems qu'il n'était ordonné. Tous nos peres étaient du ſouper; il y eut de très bonnes plaiſanteries; nous citions tous les paſſages des Pſeaumes qui ont rapport à ces exécutions: *Le Seigneur juſte coupera leurs têtes. — Heureux celui qui éventrera leurs petits enfants encor à la mammelle & qui les écraſera contre la pierre, &c.*

Il m'en cita une trentaine de cette force, après quoi il ajouta, je n'ai qu'un regret, c'eſt de n'avoir pas été inquiſiteur; il me ſemble que j'aurais été bien plus utile à l'Egliſe. Ah! mon Révérend Pere, lui répondis-je, il y a une place encor plus digne de vous, c'eſt celle de maître des hautes œuvres; ces deux charges ne ſont pas incompatibles, & je vous conſeille d'y penſer.

Il me répliqua que tout bon chrétien eſt tenu d'exercer ces deux emplois quand il s'agit de la Vierge Marie; il cita pluſieurs exemples dans ce ſiecle même, dans ce ſiecle philoſophique, de jeunes gens appliqués à la torture, mutilés, décolés, brûlés, rompus vifs, expirants ſur la roue pour n'avoir pas aſſez révéré les portraits parfaitement reſſemblants de la Ste. Vierge, ou pour avoir parlé d'elle avec inconſidération.

Mes chers Polonais, ne frémiſſez-vous pas d'horreur à ce récit? voilà donc la Religion dont vous prenez la défenſe!

Le Roi mon maître à fait répandre le ſang, il eſt vrai; mais ce fut dans les batailles, ce fut en expoſant toujours le ſien; jamais il n'a fait mourir, jamais il n'a perſécuté perſonne pour la Vierge Marie. Luthériens, Calviniſtes, Hernoutres, Piétiſtes, Anabatiſtes, Memnoniſtes, Millenaires, Métodiſtes, Tartares Lamiſtes, Turcs Omariſtes, Perſans Aliſtes Papiſtes mêmes, tout lui eſt bon pourvu qu'on ſoit un brave homme. Imitez ce grand exemple, ſoyons tous bons amis: & ne nous battons que contre les Turcs quand ils voudront s'emparer de Kaminiek.

Vous dites pour vos raiſons que ſi vous ſouffrez parmi vous des gens qui communient avec du pain & du vin, & qui ne croient pas que le paraclet procede du pere & du fils, bientôt vous aurez des Neſtoriens qui appellent Marie mere de Jéſus, & non mere de Dieu, titre que les anciens Grecs donnaient à Cibele; vous craignez ſurtout de voir renaître les Sociniens, ces impies qui s'en tiennent à l'Evangile, qui n'y ont jamais vu que Jéſus s'appellât Dieu, ni qu'il ait parlé de la trinité, ni qu'il ait rien annoncé de ce qu'on enſeigne aujourd'hui à Rome; ces monſtres enfin, qui avec St. Paul ne croient qu'en Jéſus, & non en Bellarmin & en Baronius.

Eh bien, ni le Roi, ni le Prince Primat n'ont envoyé chez vous de Colonie Socinienne; mais quand vous en auriez une, quel grand mal en réſulterait-il? Un bon tailleur, un bon foureur, un bon fourbiſſeur, un maſſon habile, un excellent cuiſinier ne vous rendraient-ils pas ſervice s'ils étaient Sociniens autant pour le moins que s'ils étaient Janſéniſtes ou Hernoutres? N'eſt-il pas même évident qu'un cuiſinier Socinien doit être meilleur que tous les cuiſiniers du Pape? Car ſi vous ordonnez à un rotiſſeur Papiſte de vous mettre trois pigeons Romains à la broche, il ſera tenté d'en manger deux & de ne vous en donner qu'un, en diſant que trois & un font la même choſe; mais le rotiſſeur Socinien vous ſera ſervir certainement vos trois pigeons; de même un tailleur de cette ſecte ne fera jamais votre habit d'une aune quand vous lui en donnerez trois à employer.

Vous êtes forcés d'avouer l'utilité des Sociniens; mais vous vous plaignez que l'Impératrice de Ruſſie ait envoyé trente mille hommes dans votre pays. Vous demandez de quel droit? Je vous réponds que c'eſt du droit dont un voiſin apporte de l'eau à la maiſon de ſon voiſin qui brûle; c'eſt du droit de l'amitié, du droit de l'eſtime, du droit de faire du bien quand on le peut.

Vous avez tiré fort imprudemment ſur de petits détachements de ſoldats, qui n'étaient envoyés que pour protéger la liberté & la paix. Sachez que les Ruſſes tirent mieux que vous; n'obligez pas vos protecteurs à vous détruire; ils ſont venus établir la tolérance en Pologne, mais ils puniront les intolérants qui les reçoivent à coups de fuſil. Vous ſavez que Catherine Seconde la tolérante eſt la protectrice du genre humain; elle protégera ſes ſoldats, & vous ſerez les victimes de la plus haute folie qui ſoit jamais entrée dans la tête des hommes, c'eſt celle de ne pas ſouffrir que les autres délirent autrement que vous. Cette folie n'eſt digne que de la Sorbonne, des petites maiſons, & de Kaminiek.

Vous dites que l'Impératrice n'eſt pas votre amie, que ſes bienfaits qui s'étendent aux extrêmités de l'hémiſphere, n'ont point été répandus ſur vous; vous vous plaignez que ne vous ayant rien donné, elle ait acheté cinquante mille francs la bibliotheque de Mr. Diderot à Paris rue Taranne, & lui en ait laiſſé la jouïſſance, ſans même exiger de lui une de ces dédicaces qui font bâiller le protecteur & rire le public. Eh! mes amis, commencez par ſavoir lire, & alors on vous achétera vos bibliotheques........

*Cætera deſunt.*

LES

# DROITS

*es Hommes, & les usurpations des Autres. Traduit de l'Italien.* 1768.

## *Un Prêtre de Christ doit-il être Souverain?*

POur connaître les droits du genre humain, on n'a pas besoin de citations. Les tems sont passés où des Grotius & des Puffendorf cherchaient le tien & le mien dans Aristote & dans St. Jérome, & prodiguaient les contradictions & l'ennui pour connaître le juste & l'injuste. Il faut aller au fait.

Un territoire dépend-il d'un autre territoire? Y a-t-il quelque loi physique qui fasse couler l'Euphrate au gré de la Chine ou des Indes? Non sans doute. Y a-t-il quelque notion métaphysique qui soumette une Ile Moluque à un marais formé par le Rhin & la Meuse? Il n'y a pas d'apparence. Une loi morale? Pas davantage.

D'où vient que Gibraltar dans la Méditerranée appartint autrefois aux Maures, & qu'il est aujourd'hui aux Anglais, qui demeurent dans des Iles de l'Océan, dont les dernieres sont vers le soixantieme degré? C'est qu'ils ont pris Gibraltar. Pourquoi le gardent-ils? C'est qu'on n'a pu le leur ôter; & alors on est convenu qu'il leur resterait: la force & la convention donnent l'empire.

De quel droit Charlemagne, né dans le pays barbare des Austrasiens, dépouilla-t-il son beaupere le Lombard Didier Roi d'Italie, après avoir dépouillé ses propres neveux de leur héritage? Du droit que les Lombards avaient exercé en venant des bords de la mer Baltique saccager l'Empire Romain ; & du droit que les Romains avaient eu de ravager tous les autres pays l'un après l'autre. Dans le vol à main armée c'eſt le plus fort qui l'emporte ; dans les acquiſitions convenues c'eſt le plus habile.

Pour gouverner de droit ſes freres les hommes (& quels freres ! quels faux freres !) que faut-il ? le conſentement libre des peuples.

Charlemagne vient à Rome vers l'an 800, après avoir tout préparé, tout concerté avec l'Evêque, & faiſant marcher ſon armée & ſa caſſette dans laquelle étaient les préſents diſtinés à ce prêtre. Le Peuple Romain nomme Charlemagne ſon maître par reconnaiſſance de l'avoir délivré de l'oppreſſion Lombarde.

A la bonne heure que le Sénat & le peuple aient dit à Charles, „ Nous vous remercions du „ bien que vous nous avez fait, nous ne voulons „ plus obéir à des Empereurs imbéciles & mé„ chants qui ne nous défendent pas, qui n'enten„ dent pas notre langue, qui nous envoient leurs „ ordres en grec par des Eunuques de Conſtanti„ nople, & qui prennent notre argent. Gou„ vernez nous mieux en conſervant toutes nos „ prérogatives, & nous vous obéirons."

Voilà un beau droit, ſans doute, & le plus légitime.

Mais ce pauvre peuple ne pouvait aſſurément diſpoſer de l'Empire ; il ne l'avait pas ; il ne pouvait diſpoſer que de ſa perſonne. Quelle Province de l'Empire aurait il pu donner ? l'Eſpagne ? elle était aux Arabes ; la Gaule & l'Allemagne ? Pepin pere de Charlemagme les avait uſurpées ſur ſon maître ; l'Italie citérieure ? Charles l'avait volée à ſon beau-pere. Les Empereurs Grecs poſ-

'daient tout le reste; le peuple ne conférait donc u'un nom; ce nom était devenu sacré. Les naions depuis l'Euphrate jusqu'à l'Océan s'étaient ccoutumées à regarder le brigandage du saint Emire Romain comme un droit naturel; & la Cour e Constantinople regarda toujours les démembreents de ce saint Empire comme une violation anifeste du droit des gens, jusqu'à-ce qu'enfin es Turcs vinrent leur apprendre un autre Code.

Mais dire avec les Avocats mercénaires de la our pontificale Romaine (lesquels en rient euxmêmes,) que l'Evêque Léon III. donna l'Empire d'Occident à Charlemagne, cela est aussi absurde que si on disait que le patriarche de Constantinople donna l'Empire d'Orient à Mahomet second.

D'un autre côté, répéter après tant d'autres que Pepin l'usurpateur, & Charlemagne le dévastateur, donnerent aux Evêques Romains l'Exarcat de Ravenne, c'est avancer une fausseté évidente. Charlemagne n'était pas si honnête. Il garda l'Exarcat pour lui ainsi que Rome; il nomme Rome & Ravenne dans son testament comme ses villes principales. Il est constant qu'il confia le gouvernement de Ravenne & de la Pentapole à un autre Léon Archevêque de Ravenne, dont nous avons encor la Lettre qui porte en termes exprès: *hæ civitates à Carolo ipso una cum universa Pentapoli illi fuerint concessæ.*

Quoiqu'il en soit, il ne s'agit ici que de démontrer que c'est une chose monstreuse dans les principes de notre religion comme dans ceux de la politique & dans ceux de la raison qu'un prêtre donne l'empire, & qu'il ait des souverainetés dans l'Empire.

Ou il faut entiérement renoncer au christianisme, ou il faut l'observer. Ni un Jésuite avec ses distinctions, ni le Diable n'y peut trouver de milieu.

Il se forme dans la Galilée une religion toute fondée sur la pauvreté, sur l'égalité, sur la haine contre les richesses & les riches; une religion dans laquelle il est dit qu'il est aussi impossible qu'un riche entre dans le Royaume des Cieux, qu'il est impossible qu'un chameau passe par le trou d'une aiguille; où l'on dit que le mauvais riche est damné uniquement pour avoir été riche; où Anania & Saphira sont punis de mort subite pour avoir gardé de quoi vivre; où il est ordonné aux disciples de ne jamais faire de provision pour le lendemain; où Jésus-Christ fils de Dieu, Dieu lui même prononce ces terribles oracles contre l'ambition & l'avarice; *je ne suis pas venu pour être servi, mais pour servir. Il n'y aura jamais parmi vous ni premier ni dernier. Celui de vous qui voudra s'agrandir, soit abaissé. Que celui de vous qui voudra être le premier, soit le dernier.*

La vie des premiers disciples est conforme à ces préceptes; St. Paul travaille de ses mains, St. Pierre gagne sa vie. Quel rapport y a-t-il de cette institution avec le domaine de Rome, de la Sabine, de l'Ombrie, de l'Emilie, de Ferrare, de Ravenne, de la Pentapole, du Boulonais, du Commachio, de Bénévent, d'Avignon? On ne voit pas que l'Evangile ait donné ces terres aux Papes, à moins que l'Evangile ne ressemble à la regle des Théatins, dans laquelle il fut dit qu'ils seraient vêtus de blanc: & on mit en marge, *c'est-à-dire de noir.*

Cette grandeur des Papes & leurs prétentions mille fois plus étendues, ne sont pas plus conformes à la politique & à la raiſon qu'à la parole de Dieu, puiſqu'elles ont bouleverſé l'Europe, & fait couler des flots de ſang pendant ſept cents années.

La politique & la raiſon exigent dans l'Univers entier que chacun jouiſſe de ſon bien, & que tout état ſoit indépendant. Voyons comment ces deux loix naturelles, contre leſquelles il ne peut être de preſcription, ont été obſervées.

### *De Naples.*

LEs Gentilshommes Normands qui furent les premiers inſtruments de la conquête de Naples & de Sicile, firent le plus bel exploit de chevalerie dont on ait jamais entendu parler. Quarante à cinquante hommes ſeulement, délivrent Salerne au moment qu'elle eſt priſe par une armée des Saraſins. Sept autres Gentilhommes Normands tous freres, ſuffiſent pour chaſſer ces mêmes Saraſins de toute la contrée, & pour l'ôter à l'Empereur Grec qui les avait payés d'ingratitude. Il eſt bien naturel que les peuples dont ces Héros avaient ranimé la valeur, s'accoutumaſſent à leur obéir par admiration & par reconnaiſſance.

Voilà les premiers droits à la Couronne des deux Siciles. Les Evêques de Rome ne pouvaient pas plus donner ces Etats en fief que le Royaume de Boutan ou de Cachemire. Ils ne pouvaient même en accorder l'inveſtiture quand on la leur aurait demandée ; car dans le tems de l'anarchie des fiefs, quand un Seigneur voulait tenir ſon bien allodial en fief pour avoir une protection, il ne pouvait s'adreſſer qu'à ſon Seigneur Suzerair. Or certainement le Pape n'était pas Seigneur Suzerain de Naples, de la Pouille, & de la Calabre.

On a beaucoup écrit ſur cette vaſſalité prétendue, mais on n'a jamais remonté à la ſource. J'oſe dire que c'eſt le défaut de preſque tous les Juriſconſultes, comme de tous les Théologiens. Chacun tire bien ou mal, d'un principe reçu, les conſéquences les plus favorables à ſon parti. Mais ce principe eſt-il vrai ? Ce premier fait ſur lequel ils s'apuient, eſt-il inconteſtable? C'eſt ce qu'ils ſe donnent bien de garde d'examiner. Ils reſſemblent à nos anciens Romanciers qui ſuppoſaient tous que Francus avait apporté en France le caſque d'Hector. Ce caſque était impénétrable ſans doute, mais Hector en effet l'avait-il porté ? Le lait de la Vierge eſt auſſi très reſpectable ; mais les Sacriſties qui ſe vantent d'en poſſeder une roquille, la poſſedent-elles en effet ?

Giannone eſt le ſeul qui ait jetté quelque jour ſur l'origine de la domination ſuprême affectée par les Papes ſur le Royaume de Naples. Il a rendu en cela un ſervice éternel aux Rois de ce pays ; & pour récompenſe il a été abandonné par l'Empereur Charles VI. alors Roi de Naples, à la perſécution des Jéſuites, trahi depuis par la plus lâche des perfidies, ſacrifié à la cour de Rome, il a fini ſa vie dans la captivité. Son exemple ne nous découragera pas. Nous écrivons dans un pays libre ; nous ſommes nés libres ; & nous ne craignons ni l'ingratitude des Souverains, ni les intrigues des Jéſuites, ni la vengeance des Papes. La vérité eſt devant nous ; & toute autre conſidération nous eſt étrangere.

C'était une coutume dans ces ſiecles de rapines, de guerres particulieres, de crimes, d'ignorance & de ſuperſtition, qu'un Seigneur faible pour être à l'abri de la rapacité de ſes voiſins, mît ſes terres sous la protection de l'Eglise, & achetât cette protection pour quelque argent; moyen sans lequel on n'a jamais réussi. Ses terres alors étaient réputées sacrées : quiconque eût voulu s'en emparer était excommunié

Les hommes de ce temps-là aussi méchants qu'imbéciles, ne s'effrayaient pas des plus grands crimes; & redoutaient une excommunication qui les rendaient exécrables aux peuples encor plus méchants qu'eux, & beaucoup plus sots.

Robert Guiscard & Richard vainqueurs de la Pouille & de la Calabre, furent d'abord excommuniés par le Pape Léon IX. Ils s'étaient déclarés vassaux de l'Empire : mais l'Empereur Henri III. mécontent de ces feudataires conquérants, avait engagé Léon IX. à lancer l'excommunication à la tête d'une armée d'Allemands. Les Normands qui ne craignaient point ces foudres comme les Princes d'Italie les craignaient, battirent les Allemands & prirent le Pape prisonnier. Mais pour empêcher désormais les Empereurs & les Papes de venir les troubler dans leurs possessions, ils offrirent leurs conquêtes à l'Eglise sous le nom d'*Oblata*. C'est ainsi que l'Angleterre avait payé le denier de St. Pierre, c'est ainsi que les premiers Rois d'Espagne & de Portugal en recouvrant leurs états contre les Sarrasins promirent à l'Eglise de Rome deux livres d'or par an; ni l'Angleterre, ni l'Espagne, ni le Portugal ne regarderent jamais le Pape comme leur Seigneur Suzerain.

Le Duc Robert *Oblat* de l'Eglise ne fut pas non plus feudataire du Pape; il ne pouvait pas l'être, puisque les Papes n'étaient pas Souverains de Rome. Cette ville alors était gouvernée par son Sénat : l'Evêque n'avait que du crédit; le Pape était à Rome précisément ce que l'électeur est à Cologne. *Il* y a une différence prodigieuse entre être Oblat d'un Saint & être feudataire d'un Evêque.

Baronius dans ses actes rapporte l'hommage prétendu fait par Robert Duc de la Pouille & de la Calabre à Nicolas II.; mais cette piece est fausse, on ne l'a jamais vue; elle n'a jamais été dans aucune archive. Robert s'intitula *Duc par la grace de Dieu & de St. Pierre.* Mais certainement St. Pierre ne lui avait rien donné, & n'était point Roi de Rome. Si on voulait remonter plus haut, on prouverait invinciblement, non-seulement que St. Pierre n'a jamais été Evêque de Rome dans un temps où il est avéré qu'aucun Prêtre n'avait de siege particulier, & où la discipline de l'Eglise naissante n'était pas encor formée; mais que St. Pierre n'a pas plus été à Rome qu'à Pékin. St. Paul déclare expressément que sa mission était *pour les prépupes entiers, & que la mission de St. Pierre était pour les prépuces coupés,* (16) c'est-à-dire que St. Pierre né en Galilée ne devait prêcher que les Juifs, & que lui Paul né à Tarsis dans la Caramanie devait prêcher les étrangers.

La fable qui dit que Pierre vint à Rome sous le regne de Néron & y siégea pendant vingt-cinq ans, est une des plus absurdes qu'on ait jamais inventées, puisque Néron ne régna qu'onze ans. La supposition qu'on a osé faire qu'une lettre de St. Pierre datée de Babylone avait été écrite dans Rome, & que Rome est là pour Babylone, est une supposition si impertinente qu'on ne peut en parler sans rire. On demande à tout lecteur sensé ce que c'est qu'un droit fondé sur des impostures si avérées.

(16) Epître aux Galates *ch. II.*

Enfin que Robert se soit donné à St Pierre ou aux douze Apôtres ou aux douze patriarches, ou aux neuf chœurs des anges, cela ne communique aucun droit au Pape sur un Royaume; ce n'est qu'un abus intolérable contraire à toutes les anciennes loix féodales, contraire à la religion chrétienne, à l'indépendance des Souverains, au bon sens & à la loi naturelle.

Cet abus a sept cents ans d'antiquité. D'accord; mais en eût il sept cents mille, il faudrait l'abolir. Il y a eu, je l'avoue, trente investitures du Royaume de Naples données par des Papes; mais il y a eu beaucoup plus de Bulles qui soumettent les Princes à la jurisdiction ecclésiastique, & qui déclarent qu'aucun Souverain ne peut en aucun cas juger des Clercs ou des Moines, ni tirer d'eux une obole pour le maintien de leurs Etats. Il y a eu plus de Bulles qui disent de la part de Dieu qu'on ne peut faire un Empereur sans le consentement du Pape. Toutes ces Bulles sont tombées dans le mépris qu'elles méritent, pourquoi respecterait-on davantage la suzeraineté prétendue du Royaume de Naples? Si l'antiquité consacrait les erreurs & les mettait hors de toute atteinte, nous serions tous tenus d'aller à Rome plaider nos procès lorsqu'il s'agirait d'un mariage, d'un testament, d'une dixme; nous devrions payer des taxes imposées par les Légats. Il faudrait nous armer toutes les fois que le Pape publierait une croisade, nous achetterions à Rome des Indulgences, nous délivrerions les ames des morts à prix d'argent, nous croirions aux sorciers, à la magie, au pouvoir des reliques sur les diables. Chaque Prêtre pourroit envoyer des diables dans le corps des hérétiques: tout Prince qui aurait un différent avec le Pape perdrait sa souveraineté. Tout cela est aussi ancien ou plus ancien que la prétendue vassalité d'un Royaume qui par sa nature doit être indépendant.

Certes si les Papes ont donné ce royaume, ils peuvent l'ôter; ils en ont en effet dépouillé autrefois les légitimes possesseurs. C'est une source continuelle de guerres civiles. Ce droit du Pape est donc en effet contraire à la religion chrétienne, à la saine politique & à la raison; ce qui était à démontrer.

### *De la Monarchie de Sicile.*

CE qu'on appelle le privilege, la prérogative de la monarchie de Sicile est un droit essentiellement attaché à toutes les puissances chrétiennes, à la République de Genes, à celle de Lucques & de Raguse comme à la France & à l'Espagne. Il consiste en trois points principaux accordés par le Pape Urbain II. à Roger Roi de Sicile.

Le premier de ne recevoir aucun Légat *à latere* qui fasse les fonctions de Pape, sans le consentement du Souverain.

Le second de faire chez soi ce que cet Ambassadeur étranger s'arrogeait de faire.

Le troisieme d'envoyer aux Conciles de Rome les Evêques & les Abbés qu'il voudrait.

C'était bien le moins qu'on pût faire pour un homme qui avait délivré la Sicile du joug des Arabes & qui l'avait rendue chrétienne. Ce prétendu privilege n'était autre chose que le droit naturel, comme les libertés de l'Eglise Gallicane ne sont que l'ancien usage de toutes les Eglises.

Ces privileges ne furent accordés par Urbain second, confirmés & augmentés par quelques Papes sui-

ſuivans, que pour tâcher de faire un fief apoſtolique de la Sicile comme ils l'avaient fait de Naples. Mais les Rois ne ſe laiſſerent pas prendre à ce piege. C'était bien aſſez d'oublier leur dignité juſqu'à être vaſſaux en terre ferme; ils ne le furent jamais dans l'Ile.

Si l'on veut ſavoir une des raiſons pour laquelle ces Rois ſe maintinrent dans le droit de ne point recevoir de Légat dans le tems que tous les autres Souverains de l'Europe avaient la faibleſſe de les admettre, la voici dans Jean Evêque de Salisburi: *Legati Apoſtolici ... ita debacchantur in Provinciis ac Sathan ad Eccleſiam flagellandam à facie Domini. Provinciarum diripiunt ſpolia ac ſi theſauros Crœſi ſtudeant comparare.* Ils ſaccagent le pays comme ſi c'était Sathan qui flagellât l'Egliſe loin de la face du Seigneur. Ils enlevent les dépouilles des Provinces comme s'ils voulaient amaſſer les tréſors de Creſus.

Les Papes ſe répentirent bientôt d'avoir cédé aux Rois de Sicile un droit naturel. Ils voulurent le reprendre. Baronius ſoutint enfin que ce privilege était ſubreptice, qu'il n'avait été vendu aux Rois de Sicile que par un Antipape: & il ne fait nulle difficulté de traiter de tyrans tous les Rois ſucceſſeurs de Roger.

Après des ſiecles de conteſtations & d'une poſſeſſion toujours conſtante des Rois, la Cour de Rome crut enfin trouver une occaſion d'aſſervir la Sicile quand le Duc de Savoye Victor Amédée fut Roi de cette Ile en vertu des Traités d'Utrecht.

Il eſt bon de ſavoir de quel prétexte la Cour Romaine moderne ſe ſervit pour bouleverſer ce Royaume ſi cher aux anciens Romains. L'Evêque de Lipari fit vendre un jour en 1711. une douzaine de litrons de pois verds à un Grenetier. Le Grenetier vendit ces pois au marché & paya trois oboles pour le droit imposé sur les pois par le Gouvernement. L'Evêque prétendit que c'était un Sacrilege, que ces pois lui appartenaient de droit divin, qu'ils ne devaient rien payer à un tribunal profane. Il est évident qu'il avait tort. Ces pois verds pouvaient être sacrés quand ils lui appartenaient ; mais ils ne l'étaient pas après avoir été vendus. L'Evêque soutint qu'ils avaient un caractere indélébile; il fit tant de bruit, & il fut si bien secondé par ses Chanoines, qu'on rendit au Grenetier ses trois oboles.

Le Gouvernement crut l'affaire appaisée; mais l'Evêque de Lipari était déjà parti pour Rome après avoir excommunié le Gouverneur de l'Ile & les Jurats. Le tribunal de la Monarchie leur donna l'absolution *cum reincidentia*, c'est-à-dire qu'ils suspendirent la censure selon le droit qu'ils en avaient.

La Congrégation qu'on appelle à Rome de l'immunité envoya aussitôt une lettre circulaire à tous les Evêques Siciliens, laquelle déclarait, que l'attentat du tribunal de la Monarchie était encor plus sacrilege que celui d'avoir fait payer trois oboles pour des pois qui venaient originairement du potager d'un Evêque. Un Evêque de Catane publia cette déclaration. Le Viceroi avec le tribunal de la Monarchie la cassa comme attentatoire à l'autorité royale. L'Evêque de Catane excommunia un Baron Figuerazzi & deux autres Officiers du tribunal.

Le Viceroi indigné envoya par deux Gentilshommes un ordre à l'Evêque de Catane de sortir du Royaume. L'Evêque excommunia les deux Gentilshommes, mit son Diocese en interdit &

partit pour Rome. On saisit une partie de ses biens. L'Evêque d'Agrigente fit ce qu'il put pour s'attirer un pareil ordre, on le lui donna. Il fit bien mieux que l'Evêque de Catana; il excommunia le Viceroi, le Tribunal & toute la Monarchie.

Ces pauvretés qu'on ne peut lire aujourd'hui sans lever les épaules, devinrent une affaire très sérieuse. Cet Evêque d'Agrigente avait trois Vicaires encor plus excommunians que lui. Ils furent mis en prison. Toutes les dévotes prirent leur parti; la Sicile était en combustion.

Lorsque Victor Amédée à qui Philippe V. venait de céder cette Ile, en prit possession le 10 Octobre 1713, à peine le nouveau Roi était arrivé que le Pape Clément XI expédia trois brefs à l'Archevêque de Palerme, par lesquels il lui était ordonné d'excommunier tout le Royaume, sous peine d'être excommunié lui-même. La Providence divine n'accorda pas sa pretection à ces trois brefs. La barque qui les conduisait fit naufrage; & ces brefs qu'un Parlement de France aurait fait brûler, furent noyés avec le porteur. Mais comme la Providence ne se signale pas toujours par des coups d'éclat, elle permit que d'autres brefs arrivassent; un entre autres où le tribunal de la Monarchie était qualifié de *certain prétendu tribunal.* Dès le mois de Novembre la congrégation de l'immunité assembla tous les Procureurs des Couvens de Sicile qui étaient à Rome, & leur ordonna de mander à tous les Moines qu'ils eussent à observer l'interdit fulminé précédemment par l'Evêque de Catane, & à s'abstenir de dire la Messe jusqu'à nouvel ordre.

Le bon Clement XI. excommunia lui-même

nommément le Juge de la monarchie le 5. Janvier 1714. Le Cardinal Paulucci ordonna à tous les Evêques (& toujours avec menace d'excommunication) de ne rien payer à l'état de ce qu'ils s'étaient engagés eux-mêmes à payer par les anciennes loix du Royaume. Le Cardinal de la Trimouille Ambaſſadeur de France à Rome, interpoſait la médiation de ſon maître entre le St. Eſprit & Victor Amédée; mais la négociation n'eut point de ſuccès.

Enfin le 10. Fevrier 1715. le Pape crut abolir par une Bulle le Tribunal de la Monarchie Sicilienne. Rien n'avilit plus une autorité précaire que des excès qu'elle ne peut ſoutenir. Le Tribunal ne ſe tint point pour aboli; le St. Pere ordonna qu'on fermât toutes les Egliſes de l'Ile & que perſonne ne priât Dieu. On pria Dieu malgré lui dans pluſieurs villes. Le Comte Maffei envoyé de la part du Roi au Pape eut une audience de lui. Clément XI. pleurait ſouvent, & ſe dédiſait auſſi ſouvent des promeſſes qu'il avait faites. On diſait de lui: *il reſſemble à St. Pierre, il pleure & il renie.* Maffei qui le trouva tout en larmes de ce que la plupart des Egliſes étaient encor ouvertes en Sicile, lui dit: *Saint Pere, pleurez quand on les fermera, & non quand on les ouvrira.*

## DE FERRARE.

SI les droits de la Sicile ſont inébranlables, ſi la ſuzeraineté de Naples n'eſt qu'une antique chimere, l'invaſion de Ferrare eſt une nouvelle uſurpation. Ferrare était conſtamment un Fief de l'Empire, ainſi que Parme & Plaiſance. Le Pape

Clément VIII. en dépouilla César d'Est à main armée en 1597. Le prétexte de cette tyrannie était bien singulier pour un homme qui se dit l'humble Vicaire de Jésus-Christ. Le Duc Alphonse d'Est premier du nom, Souverain de Ferrare, de Modene, d'Est, de Carpi, de Rovigno, avait épousé une simple citoyenne de Ferrare nommée Laura Eustochia, dont il avait eu trois enfans avant son mariage, reconnus par lui solemnellement en face d'Eglise. Il ne manqua à cette reconnaissance aucune des formalités prescrites par les loix. Son successeur Alphonse d'Est fut reconnu Duc de Ferrare. Il épousa Julie d'Urbin fille de François Duc d'Urbin, dont il eut cet infortuné César d'Est, héritier incontestable de tous les biens de la maison, & déclaré héritier par le dernier Duc mort le 27 Octobre 1597. Le Pape Clément VIII. du nom d'Aldobrandin, originaire d'une famille de négocians de Florence, osa prétexter que la grand-mere de César d'Est n'était pas assez noble, & que les enfans qu'elle avait mis au monde devaient être regardés comme des bâtards. La premiere raison est ridicule & scandaleuse dans un Evêque; la seconde est insoutenable dans tous les tribunaux de l'Europe: car si le Duc n'était pas légitime, il devait perdre Modene & ses autres Etats; & s'il n'avait point de vice dans sa naissance, il devait garder Ferrare comme Modene.

L'acquisition de Ferrare était trop belle pour que le Pape ne fit pas valoir toutes les décretales & toutes les décisions des braves Théologiens qui assurent que le Pape *peut rendre juste ce qui est injuste*. En conséquence il excommunia d'abord César d'Est, & comme l'excommunication prive nécessairement un homme de tous ses biens, le pere commun des fidèles leva des troupes contre l'excommunié pour lui ravir son héritage au nom de l'Eglise. Ces troupes furent battues; mais le Duc de Modene & de Ferrare vit bientôt ses finances épuissées & ses amis réfroidis.

Ce qu'il y eut de plus déplorable, c'est que le Roi de France Henri IV. se crut obligé de prendre le parti du Pape pour balancer le crédit de Philippe II. à la Cour de Rome. C'est ainsi que le bon Roi Louis XII. moins excusable, s'était deshonoré en s'unissant avec le monstre Alexandre VI. & son exécrable bâtard le Duc Borgia. Il fallut céder; alors le Pape fit envahir Ferrare par le Cardinal Aldobrandin, qui entra dans cette florissante ville avec mille chevaux & cinq mille Fantassins.

Depuis ce temps Ferrare devint déserte, son terroir inculte se couvrit de marais croupissans. Ce pays avait été sous la maison d'Est un des plus beaux de l'Italie; le peuple regretta toujours ses anciens maîtres. Il est vrai que le Duc fut dédommagé. On lui donna la nomination à un Evêché & à une Cure; & on lui fournit même quelques minots de sel des magasins de Cervia; mais il n'est pas moins vrai que la maison de Modene a des droits incontestables & imprescriptibles sur ce Duché de Ferrare dont elle est si indignement dépouillée.

## DE CASTRO ET RONCIGLIONE.

L'Usurpation de Castro & Ronciglione sur la maison de Parme n'est pas moins injuste, mais la maniere a été plus basse & plus lâche. Il y a dans Rome beaucoup de Juifs qui se vengent comme ils peuvent des Chrétiens en leur prêtant ſur gages à gros intérêt. Les Papes ont été ſur leur marché. Ils ont établi des banques que l'on appelle monts de piété; on y prête ſur gages auſſi; mais avec un intérêt beaucoup moins fort. Les particuliers y dépoſent leur argent, & cet argent eſt prêté à ceux qui veulent emprunter & qui peuvent répondre.

Rainuce Duc de Parme fils de ce célebre Alexandre Farneſe qui fit lever au Roi Henri IV. le ſiege de Paris, obligé d'emprûnter de groſſes ſommes, donna la préférence au Mont de piété ſur les Juifs. Il n'avait cependant pas trop à ſe louer de la cour Romaine. La premiere fois qu'il y parut, Sixte-Quint voulut lui faire couper le cou pour récompenſe des ſervices que ſon pere avait rendus à l'Egliſe.

Son fils Odoard devait les intérêts avec le capital, & ne pouvait s'acquiter que difficilement. Barbarin ou Barbérin qui était alors Pape ſous le nom d'Urbain VIII. voulut accommoder l'affaire en mariant ſa niece Barbarini ou Barbarina au jeune Duc de Parme. Il avait deux neveux qui le gouvernaient, l'un Tadeo Barbarini Préſet de Rome, & l'autre le Cardinal Antonio, & encor un troiſieme, Cardinal auſſi, mais qui ne gouvernait perſonne. Le Duc alla à Rome voir ce Préfet & ces Cardinaux, dont il devait être le beau-frere moyennant une diminution des intérêts qu'il devait au Mont d'impiété. Ni le marché, ni la niece du Pape, ni les procédés des neveux ne lui plurent, il ſe brouilla avec eux pour la grande affaire des Romains modernes, le punctilio, la ſcience du nombre des pas qu'un Cardinal & un Préfet doivent faire en reconduiſant un Duc de

Parme. Tous les Caudataires se remuerent dans Rome pour ce différent, & le Duc de Parme s'en alla épouser une Médicis.

Les Barbarins ou Barberins songerent à la vengeance. Le Duc vendait tous les ans son bled du Duché de Castro à la Chambre des Apôtres pour acquitter une partie de sa dette ; & la chambre des Apôtres revendait chérement son bled au peuple. Elle en acheta ailleurs, & défendit l'entrée du bled de Castro dans Rome. Le Duc de Parme ne put vendre son bled aux Romains, & le vendit aussi ailleurs comme il put.

Le Pape qui d'ailleurs était un assez mauvais Poëte, excommunia Odoard selon l'usage, & incaméra le Duché de Castro. Incamérer est un mot de la langue particuliere à la chambre des Apôtres : chaque chambre a la sienne. Cela signifie, prendre, saisir, s'approprier, s'appliquer ce qui ne nous appartient point du tout. Le Duc avec le secours des Médicis & de quelques amis, arma pour désincamérer son bien. Les Barberins armerent aussi. On prétend que le Cardinal Antonio en faisant délivrer des mousquetons benits aux soldats, les exhortait à les tenir toujours bien propres, & à les rapporter dans le même état qu'on les leur avait confiés. On assure même qu'il y eut des coups donnés & rendus, & que trois ou quatre personnes moururent dans cette guerre, soit de l'intempérie, soit autrement. On ne laissa pas de dépenser beaucoup plus que le bled de Castro ne valait. Le Duc fortifia Castro ; & tout excommunié qu'il était, les Barberins ne purent prendre sa ville avec leurs mousquetons. Tout cela ne ressemblait que médiocrement aux guerres des Romains du tems passé, & encor moins à la morale de Jésus-Christ. Ce n'était pas même le *Contrain les d'entrer*; c'était le *contrain les de sortir*. Ce fracas dura par intervalles pendant les années 1642 & 1643. La Cour de France en 1644 procura une paix fourée. Le Duc de Parme communia & garda Castro.

Pamphile, Innocent X. qui ne faisait point de vers & qui haïssait les deux Cardinaux Barberins, les vexa si durement pour les punir de leurs vexations, qu'ils s'enfuirent en France où le Cardinal Antonio fut Archevêque de Reims, grand Aumônier & chargé d'Abbayes.

Nous remarquerons en passant qu'il y avait encor un troisieme Cardinal Barberin, baptisé aussi sous le nom d'Antoine. Il était frere du Pape Urbain VIII. Celui-là ne se mêlait ni de vers ni de gouvernement. Il avait été assez fou dans sa jeunesse pour croire que le seul moyen de gagner le Paradis était d'être frere laïc chez les Capucins. Il prit cette dignité, qui est assurément la derniere de toutes; mais étant depuis devenu sage, il se contenta d'être Cardinal & très riche. Il vécut en philosophe. L'épitaphe qu'il ordonna qu'on gravât sur son tombeau est curieuse.

*Hic jacet pulvis & cinis, postea nihil.*
Ci gît poudre & cendre, & puis rien.

Ce rien est quelque chose de singulier pour un Cardinal.

Mais revenons aux affaires de Parme. Pamphile en 1646. voulut donner à Castro un Evêque fort décrié pour ses mœurs & qui fit trembler tous les citoyens de Castro qui avaient de belles femmes & de jolis enfans. L'Evêque fut tué par un jaloux. Le Pape au lieu de faire chercher les coupables & de s'entendre avec le Duc pour les punir, envoya des troupes & fit raser la ville. On attribua cette cruauté à Dona Olimpia belle sœur & maîtresse du Pape à qui le Duc avait eu la négligence de ne pas faire de présens lorsqu'elle en recevait de tout le monde. Démolir une ville était bien pis que de l'incamérer. Le Pape fit ériger une petite pyramide sur les ruines avec cette inscription: *Qui fù Castro.*

Cela se passa sous Ranuce II. fils d'Odoard Farnese. On recommença la guerre, qui fut encor moins meurtriere que celle des Barberins. Le Duché de Castro & de Ronciglione resta toujours confisqué au profit de la chambre des Apôtres depuis 1646 jusqu'à 1662 sous le pontificat de Chigi Alexandre VII.

Cet Alexandre VII. ayant dans plus d'une affaire bravé Louis XIV. dont il méprisait la jeunesse & dont il ne connaissait pas la hauteur, les différends furent poussés si loin entre les deux cours, les animosités furent si violentes entre le Duc de Créqui Ambassadeur de France à Rome & Mario Chigi frere du Pape, que les Gardes Corses de sa Sainteté tirerent sur le carosse de l'Ambassadrice & tuerent un de ses Pages à la portiere. Il est vrai qu'ils n'y étaient autorisés par aucune bulle; mais il parut que leur zele n'avait pas beaucoup déplu au St. Pere. Louis XIV fit craindre sa vengeance. Il fit arrêter le nonce à Paris, envoya des troupes en Italie, se saisit du Comtat d'Avignon. Le Pape qui avait dit d'abord que des *légions d'Anges viendraient à son secours*, ne voyant point paraître ces anges, s'humilia, demanda pardon. Le Roi de France lui pardonna à condition qu'il rendrait Castro & Ronciglione au Duc de Parme, & Commacchio au Duc de Modene, tous deux attachés à ses intérêts & tous deux opprimés.

Comme Innocent X. avait fait ériger une petite pyramide en mémoire de la démolition de Castro, le Roi de France exigea qu'on érigeat une pyramide du double plus haute à Rome, dans la place Farnese, où le crime des Gardes du Pape avait été commis. A l'égard du page tué, il n'en fut pas question. Le vicaire de Jésus-Christ devait bien au moins une pension à la famille de ce jeune Chrétien. La cour de Rome fit habilement insérer dans le traité qu'on ne rendrait Castro & Ronciglione au Duc que moyennant une somme d'argent, équivalente à-peu-près à la somme que la maison Farnese devait au Mont de piété. Par ce tour adroit Castro & Ronciglione sont demeurés toujours incamerés, malgré Louis XIV. qui dans les occasions éclatait avec fierté contre la cour de Rome & ensuite lui cédait.

Il est certain que la jouissance de ce Duché a valu à la chambre des Apôtres, quatre fois plus que le Mont de piété ne peut redemander de capital & d'intérêts. N'importe, les Apôtres sont toujours en possession. Il n'y a jamais eu d'usurpation plus manifeste. Qu'on s'en rapporte à tous les tribunaux de judicature, depuis ceux de la Chine jusqu'à ceux de Corfou: y en a-t-il un seul où le Duc de Parme ne gagnât sa cause? Ce n'est qu'un compte à faire. Combien vous dois-je? Combien avez-vous touché par vos mains? Payez moi l'excédent & rendez moi mon gage. Il est à croire que quand le Duc de Parme voudra intenter ce procès, il le gagnera partout ailleurs qu'à la chambre des Apôtres.

## ACQUISITIONS DE JULES II.

JE ne parlerai point ici de Commachio, c'eſt une affaire qui regarde l'Empire, & je m'en rapporte à la chambre de Vetzlar & au Conſeil aulique. Mais il faut voir par quelles bonnes œuvres les ſerviteurs des ſerviteurs de Dieu ont obtenu du ciel tous les domaines qu'ils poſſedent aujourd'hui. Nous ſavons par le Cardinal Bembo, par Guichardin & par tant d'autres, comment la Rovere Jules II. acheta la thiare, & comment il fut élu avant même que les Cardinaux fuſſent entrés dans le conclave. Il fallait payer ce qu'il avait promis, ſans quoi on lui aurait repréſenté des billets, & il riſquait d'être dépoſé. Pour payer les uns il fallait prendre aux autres. Il commence par lever des troupes; il ſe met à leur tête, aſſiege Pérouſe qui appartenait au Seigneur Baglioni homme faible & timide qui n'eut pas le courage de ſe défendre. Il rendit ſa Ville en 1506. On lui laiſſa ſeulement emporter ſes meubles avec des *agnus Dei*. De Pérouſe Jules marche à Bologne & en chaſſe les Bentivoglio.

On ſait comment il arma tous les Souverains contre Veniſe, & comment enſuite il s'unit avec les Vénitiens contre Louis XII. Cruel ennemi, ami perfide, prêtre ſoldat, il réuniſſait tout ce qu'on reproche à ces deux profeſſions, la fourberie & l'inhumanité. Cet honnête homme ſe mêlait auſſi d'excommunier. Il lança ſon ridicule foudre contre le Roi de France Louis XII. le pere du peuple; il croyait, dit un Auteur célebre, mettre les Rois ſous l'anathême comme Vicaire de Dieu, & il mettait à prix les têtes de tous les Français en Italie comme Vicaire du Diable. Voilà l'homme dont les Princes baisaient les pieds & que les peuples adoraient comme un Dieu. J'ignore s'il eut la vérole, comme on l'a écrit. Tout ce que je sais, c'est que la Signora Orsini sa fille ne l'eut point & qu'elle fut une très honorable Dame. Il faut toujours rendre justice au beau sexe dans l'occasion.

## *DES ACQUISITIONS D'ALEXANDRE VI.*

LA terre a retenti assez de la simonie qui valut à ce Borgia la thiare; des excès de fureur & de débauche dont se souillerent ses bâtards; de son inceste avec Lucrecia sa fille. Quelle Lucrecia! On sait qu'elle couchait avec son frere & son pere, & qu'elle avait des Evêques pour valets de chambre. On est assez instruit du beau festin pendant lequel cinquante courtisanes nues ramassaient des chataignes en variant leurs postures pour amuser Sa Sainteté qui distribua des prix aux plus vigoureux vainqueurs de ces Dames. L'Italie parle encor du poison qu'on prétendit qu'il prépara pour quelques Cardinaux, & dont on croit qu'il mourut lui-même. Il ne reste rien de ces épouvantables horreurs que la mémoire; mais il reste encor des héritiers de ceux que son fils & lui assassinerent, ou étranglerent, ou empoisonnerent pour ravir leurs héritages. On connait le poison dont ils se servaient, il s'appellait la cantarella. Tous les crimes de cette abominable famille sont aussi connus que l'Evangile à l'abri duquel ces monstres les commettaient impunément. Il ne s'agit ici que des droits de plusieurs illustres Maisons qui subsistent encor. Les Orsini, les Colonnes ſoufriront-ils toujours que la Chambre Apoſtolique leur retienne les héritages de leur ancienne maiſon?

Nous avons à Veniſe des Tiépolo qui deſcendent de la fille de Jean Sforce Seigneur de Peſaro que Céſar Borgia chaſſa de la Ville au nom du Pape ſon pere. Il y a des Manfredi qui ont droit de réclamer Faënza. Aſtor Manfredi âgé de dix-huit ans, rendit Faënza au Pape & ſe remit entre les mains de ſon fils, à condition qu'on le laiſſerait jouir du reſte de ſa fortune. Il était d'une extrême beauté; Céſar Borgia en devint éperdument amoureux; mais comme il était louche, ainſi que tous ſes portraits le témoignent, & que ſes crimes redoublaient encor l'horreur de Manfredi pour lui, ce jeune homme s'emporta inprudemment contre le raviſſeur; Borgia n'en put jouir que par violence: enſuite il le fit jetter dans le Tibre avec la femme d'un Caraccioli qu'il avait enlevée à ſon époux.

On a peine à croire de telles atrocités; mais s'il eſt quelque choſe d'avéré dans l'hiſtoire, ce ſont les crimes d'Alexandre VI. & de ſa famille.

La maiſon de Montefeltro n'eſt pas encor éteinte. Le Duché d'Urbin qu'Alexandre VI & ſon fils envahirent par la perfidie la plus noire & la plus célébrée dans les livres de Machiavel, appartient à ceux qui ſont entrés dans la maiſon de Montefeltro, à moins que les crimes n'operent une preſcription contre l'équité.

Jules Varano Seigneur de Camerino fut ſaiſi par Céſar Borgia dans le temps même qu'il ſignait une capitulation, & fut étranglé ſur la place avec ſes deux fils. Il y a encor des Varano dans la Romagne, c'eſt à eux ſans doute que Camerino appartient.

Tous ceux qui liſent, ont vu avec effroi dans Machiavel comment ce Céſar Borgia fit aſſaſſiner Vitellozzo Vitelli, Oliverrotto da Fermo, il ſignor Pagolo, & Franceſcos Orſini Duc de Gravina. Mais ce que Machiavel n'a point dit, & ce que les Hiſtoriens comtemporains nous apprennent, c'eſt que pendant que Borgia faiſait étrangler le Duc Gravina & ſes amis dans le château de Sinigaglia, le Pape ſon Pere faiſait arrêter le Cardinal Orſini, parent du Duc de Gravina, & confiſquait tous les biens de cette illuſtre maiſon. Le Pape s'empara même de tout le mobilier. Il ſe plaignit amérement de ne point trouver parmi ces effets une groſſe perle eſtimée deux mille ducats, & une caſſette pleine d'or qu'il ſavait être chez le Cardinal. La mere de ce malheureux prélat, âgée de quatre-vingts ans, craignant qu'Alexandre VI, ſelon ſa coutume, n'empoiſonnât ſon fils, vint en tremblant lui apporter la perle & la caſſette; mais ſon fils était déjà empoiſonné & rendait les derniers ſoupirs. Il eſt certain que ſi la perle eſt encor, comme on le dit, dans le tréſor des Papes, ils doivent en conſcience la rendre à la maiſon des Urſins, avec l'argent qui était dans la caſſette.

## *CONCLUSION.*

Après avoir rapporté dans la vérité la plus exacte tous ces faits dont on peut tirer quelques conſéquences & dont on peut faire quelque uſage honnête, je ferai remarquer à tous les intéreſſés qui pourront jetter les yeux ſur ces feuilles, que les Papes n'ont pas un pouce de terre en Souveraineté qui n'ait été acquis par des troubles ou par des fraudes. A l'égard des troubles il n'y a qu'à lire l'histoire de l'Empire & les Jurisconsultes d'Allemagne. A l'égard des fraudes il n'y a qu'à jetter les yeux sur la donation de Constantin & sur les Décrétales.

La donation de la Comtesse Mathilde au doux & modeste Grégoire VII. est le titre le plus favorable aux Evêques de Rome. Mais en bonne foi si une femme à Paris, à Vienne, à Madrid, à Lisbonne deshéritait tous ses parens & laissait tous ses fiefs masculins par testament à son confesseur avec ses bagues & joyaux, ce testament ne serait-il pas cassé suivant les loix expresses de tous ces Etats?

On nous dira que le Pape est au dessus de toutes les loix, qu'il peut rendre juste ce qui est injuste, *potest de injustitia facere justitiam. Papa est supra jus, contra jus & extra jus*; c'est le sentiment de Bellarmin (17), c'est l'opinion des théologiens Romains. A cela nous n'avons rien à répondre. Nous révérons le siege de Rome. Nous lui devons les indulgences, la faculté de tirer des ames du Purgatoire, la permission d'épouser nos belles-sœurs & nos nieces l'une après l'autre, la canonisation de St. Ignace, la sureté d'aller en Paradis en portant le scapulaire; mais ces bienfaits ne sont peut-être pas une raison pour retenir le bien d'autrui.

Il y a des gens qui disent que si chaque Eglise se gouvernait par elle-même sous les loix de l'Etat; si on mettait fin à la simonie de payer des Annates pour un bénéfice; si un Evêque qui d'ordinaire n'est pas riche avant la nomination, n'était

(1) De Romano Pontifice, Tom. I. Liv. 4.

tait pas obligé de ſe ruiner lui ou ſes créanciers en empruntant de l'argent pour payer ſes bulles ; l'Etat ne ſerait pas appauvri à la longue par la ſortie de cet argent qui ne revient plus. Mais nous laiſſons cette matiere à diſcuter par les Banquiers en Cour de Rome.

Finiſſons par ſupplier encor le lecteur Chrétien & Bénévole de lire l'Evangile, & de voir s'il y trouvera un ſeul mot qui ordonne le moindre des tours que nous avons fidélement rapportés. Nous y liſons, il eſt vrai, *qu'il faut ſe faire des amis avec l'argent de la Mammone d'iniquité.* Ah beatiſſimo Padre, ſi cela eſt, rendez donc l'argent.

*A Padoue le 24 Juin 1768.*

## *L'EPITRE AUX ROMAINS.*

### ARTICLE PREMIER.

ILLUSTRES Romains, ce n'eſt pas l'Apôtre Paul qui a l'honneur de vous écrire, ce n'eſt pas ce digne Juif né à Tarſis ſelon les Actes des Apôtres, & à Giſcala ſelon Jérôme & d'autres Peres ; diſpute qui a fait croire ſelon quelques Docteurs qu'on peut être né en deux endroits à la fois, comme il y a chez vous de certains corps qui ſont créés tous les matins avec des mots Latins, & qui ſe trouvent en cent mille lieux au même inſtant.

Ce n'eſt pas cette tête chauve & chaude, au long & large nez, aux ſourcils noirs, épais & joints, aux groſſes épaules, aux jambes torses ; (18) lequel ayant enlevé la fille de Gamaliel son maître, & étant mécontent d'elle la premiere nuit de ses nôces, (19) la répudia & se mit par dépit à la tête du parti naissant des disciples de Jésus, si nous en croyons les livres Juifs contemporains.

Ce n'est pas ce Saul Paul, qui lorsqu'il étoit domestique de Gamaliel, fit massacrer à coups de pierres le bon Stephano, Patron des diacres & des lapidés, & qui pendant ce temps gardait les manteaux des bourreaux, digne emploi de Valet de Prêtre. Ce n'est pas celui qui tomba de cheval, aveuglé par une lumiere céleste en plein midi, & à qui Dieu dit en l'air, comme il le dit tous les jours à tant d'autres, *pourquoi me persécutes-tu?* Ce n'est pas celui qui écrivit aux demi-Juifs, demi-Chrétiens, des boutiques de Corinthe, *n'avons nous pas le droit d'être nourris à vos dépens, & d'amener avec nous une femme* (20) *Qui est-ce qui va jamais à la guerre à ses dépens?* belles paroles dont le révérend Pere Menou Jésuite, Apôtre de Lorraine, a si bien profité qu'elles lui ont valu à Nancy vingt-quatre mille livres de rente, un Palais & plus d'une belle femme.

Ce n'est pas celui qui écrivit au petit troupeau de Thessalonique que *l'univers allait être détruit* (21), moyennant quoi ce n'était pas la peine, *ce n'était pas métier*, comme vous dites en Italie, de garder de l'argent chez soi; car Paul disoit (22) ,, aussi-

(18) *Voyez les Actes de Ste. Thecle, écrits dès le premier siecle par un disciple de St. Paul, reconnus pour Canoniques par Tertulien, par St. Ciprien, par Grégoire de Naziance, St. Ambroise, &c.*

(19) *Anciens Actes des Apôtres.* Chap. XXI.

(20) *I. aux Corinthiens.* Chap. XIX. v. 4. & 5.

(21) *I. aux Thessal.* Chap. IV. v. 16. 17.

(22) *I. Thessal.* Chap. IV.

„ tôt que l'Archange aura crié, & que la trompette de Dieu aura sonné, Jésus descendra du Ciel. Les morts qui sont à Christ ressusciteront les premiers, & nous qui vivons & qui vivrons jusqu'à ce tems-là, nous serons emportés dans l'air au devant de Jésus."

Et remarquez, généreux Romains, que Saul Paul n'annonçait ces belles choses aux Fripiers & Epiciers de Thessalonique, qu'en conséquence de la prédiction formelle de Luc, qui avait assuré publiquement, (23) c'est-à-dire à quinze ou seize élus de la populace, que la génération ne passerait pas sans que le fils de l'homme vint dans les nuées avec une grande puissance, & une grande majesté. O Romains! si Jésus ne vint pas dans les nuées avec une grande puissance, du moins les Papes ont eu cette grande puissance, & c'est ainsi que les Prophéties s'accomplissent.

Celui qui écrit cette Epître aux Romains n'est pas encore une fois ce Saul Paul, moitié Juif, moitié Chrétien, qui ayant prêché Jésus & ayant annoncé la destruction de la loi Mosaïque, alla non-seulement judaïser dans le Temple de Hershalaïm nommée vulgairement Jérusalem; mais encore y observer d'anciennes pratiques rigoureuses par le conseil de son ami Jacques; (24) & qui fit précisément ce que la sainte Inquisition Chrétienne punit aujourd'hui de mort.

Celui qui vous écrit n'a été ni valet de Prêtre, ni meurtrier, ni gardeur de manteaux, ni Apostat, ni faiseur de tentes, ni englouti au fond de la mer comme Jonas pendant vingt-quatre heures, ni

(23) *Luc.* Chap. XXI.
(24) *Actes* Chap. XXI.
(25) Chap. XVI. v. 37.

emporté au troisieme Ciel comme Elie, sans savoir ce que c'est que ce troisieme Ciel.

Celui qui vous écrit est plus citoyen que ce Saul Paul, qui se vante, dit-on, de l'être & qui certainement ne l'était pas car s'il étoit de Tarsis, cette Ville ne fut colonie Romaine que sous Caracalla; s'il était né à Giscala en Galilée, ce qui est bien plus vraisemblable, puisqu'il étoit de la Tribu de Benjamin, on sait assez que ce bourg juif n'était pas une Ville Romaine; on sait que ni à Tarsis, ni ailleurs on ne donnoit pas la bourgeoisie romaine à des Juifs. L'auteur des Actes des Apôtres (25) avance que ce Juif Paul & un autre Juif nommé Silas furent saisis par la justice dans la Ville de Philippe en Macédoine (Ville fondée par le pere d'Alexandre, & près de laquelle la bataille entre Cassius & Brutus d'un côté, & Antoine & Octave de l'autre, décida de votre Empire.) Paul & Silas furent fouettés pour avoir ému la populace; & Paul dit aux Huissiers (26), *on nous a fouettés nous qui sommes citoyens Romains.* Les Commentateurs avouent bien que ce Silas n'était pas citoyen Romain. Ils ne disent pas que l'auteur des Actes en a menti; mais ils conviennent qu'il a dit la chose qui n'est pas; & j'en suis fâché pour le St. Esprit qui a sans-doute dicté les Actes des Apôtres.

Enfin celui qui écrit aux descendans des Marcellus, des Scipions, des Catons, des Cicérons, des Titus, des Antonins, est un gentilhomme Romain, d'une ancienne famille transplantée; mais qui chérit son antique Patrie, qui gémit sur elle, & dont le cœur est au Capitole.

(26) *Ibid.*

Romains, écoutez votre Concitoyen, écoutez Rome & votre ancien courage.

*L'Italico valor non è ancor morto.*

## ARTICLE II.

J'Ai pleuré dans mon voyage chez vous, quand j'ai vu des Zocolanti occuper ce même Capitole où Paul-Emile mena le Roi Persée, le descendant d'Alexandre, lié à son char de triomphe; ce Temple où les Scipions firent porter les dépouilles de Carthage, où Pompée triompha de l'Asie, de l'Afrique & de l'Europe; mais j'ai versé des larmes plus ameres quand je me suis souvenu du festin que donna César à nos ancêtres servi à vingt-deux mille tables, & quand j'ai comparé ces Congiaria, les distributions immenses de froment avec le peu de mauvais pain que vous mangez aujourd'hui, & que la chambre Apostolique vous vend fort cher. Hélas! il ne vous est pas permis d'ensemencer vos terres sans les ordres de ces Apôtres; mais avec quoi les ensemenceriez-vous? Il n'y a pas un Citadin parmi vous excepté quelques habitans du quartier Transtevere qui possede une charrue. Votre Dieu a nourri cinq mille hommes sans compter les femmes & les enfans, avec cinq pains & deux gougeons selon St. Jean, & quatre mille hommes selon Matthieu (27). Pour vous, Romains, on vous fait avaler le gougeon sans vous donner

(27) *Matthieu au chap. XIV. compte cinq mille hommes & cinq pains, & au chap. XV. quatre mille hommes & cinq pains; apparemment ce sont deux miracles qui font en tout neuf mille hommes & neuf mille femmes pour le moins, & si vous y ajoutez neuf mille petits enfans, le tout se monte à vingt-sept mille dejeunés, cela est considerable.*

de pain, & les fucceffeurs de Lucullus font réduits à la fainte pratique du jeune.

Votre climat n'a gueres changé, quoi qu'on en dife. Qui donc a pu changer à ce point votre terrein, vos fortunes & vos efprits? D'où vient que la campagne depuis les portes de Rome à Oftie n'eft remplie que de reptiles? Pourquoi de Montefiafcone à Viterbe, & dans tout le terrein par lequel la voie Appienne vous conduit encore à Naples, un vafte, défert a-t-il fuccédé à ces campagnes autrefois couvertes de palais, de jardins, de moiffons, & d'une multitude innombrable de citoyens? J'ai cherché le Forum Romanum de Trajan, cette place pavée de marbre en forme de rézeau, entourée d'un périftile à colonnades, chargé de cent ftatues, j'ai trouvé Campo Vacino, le marché aux vaches, & malheureufement aux vaches maigres & fans lait. J'ai dit, où font ces deux millions de Romains dont cette capitale était peuplée? j'ai vérifié qu'année commune il n'y naît aujourd'hui que 3500 enfans; deforte que fans les Juifs, les prêtres & les étrangers, Rome ne contiendrait pas cent mille habitans. Je demandais, à qui appartient ce bel édifice que je vois entouré de mafures, on me répondit, à des moines; c'était autrefois la maifon d'Augufte, ici logeait Cicéron, là demeurait Pompée: des couvens font bâtis fur leurs ruines.

O Romains! mes larmes ont coulé, & je vous eftime affez pour croire que vous pleurez avec moi.

## ARTICLE III.

On m'a fait comprendre qu'un vieux prêtre élû Pape par d'autres prêtres, ne peut avoir ni le tems, ni la volonté de soulager votre misere. Il ne peut songer qu'à vivre. Quel intérêt prendroit-il aux Romains ? Rarement est-il Romain lui-même ? Quel soin prendra-t-il d'un bien qui ne passera point à ses enfans ? Rome n'est pas son patrimoine comme il était devenu celui des Césars, c'est un bénéfice Ecclésiastique : la Papauté est une espece d'Abbaye commendataire, que chaque Abbé ruine pendant sa vie : les Césars avaient un intérêt réel à rendre Rome florissante, les Patriciens en avaient un bien plus grand du tems de la République : on n'obtenait les dignités qu'en charmant le peuple par des bienfaits, en forçant ses suffrages par l'apparence des vertus, en servant l'Etat par des victoires ; un Pape se contente d'avoir de l'argent, & du pain azime, & ne donne que des bénédictions à ce peuple qu'on appellait autrefois *le peuple Roi.*

Votre premier malheur vint de la translation du siege de l'Empire de Rome à l'extrémité de la Thrace. Constantin élu Empereur par quelques cohortes barbares au fond de l'Angleterre, triompha de Maxence élu par vous. Maxence noyé dans le Tibre au fort de la mêlée laissa l'Empire à son concurrent ; mais le vainqueur alla se cacher au rivage de la mer noire ; il n'aurait pas fait pis s'il avait été vaincu. Souillé de débauches & de crimes, assassin de son beau-pere, de son beau-frere, de son neveu, de son fils & de sa femme, en horreur aux Romains, il abandonna leur ancienne Religion sous laquelle ils avaient conquis tant d'Etats, & se jetta dans les bras des Chrétiens, qui lui avaient fourni l'argent auquel il était redevable du Diadême ; ainsi il trahit l'Empire dès qu'il en fut possesseur ; & en transplantant sur le Bosphore ce grand arbre qui avait ombragé l'Europe, l'Afrique, & l'Asie Mineure, il en dessécha les racines. Votre seconde calamité fut cette maxime ecclésiastique, citée dans un poëme Français très-célebre intitulé le Lutrin; mais trop sérieusement véritable.

*Abîme tout plutôt, c'est l'esprit de l'Eglise.*

L'Eglise combattit l'ancienne Religion de l'Empire en déchirant elle-même ses entrailles, en se divisant avec autant de fureur que d'imprudence, sur cent questions incompréhensibles dont on n'avait jamais entendu parler auparavant. Les sectes Chrétiennes se poursuivant l'une l'autre à feu & à sang pour des chimeres métaphysiques, pour des sophismes de l'école, se réunissaient pour ravir les dépouilles des prêtres fondés par Numa; ils ne se donnerent point de repos qu'ils n'eussent détruit l'autel de la Victoire dans Rome.

St. Ambroise de soldat devenu Evêque de Milan sans avoir seulement été Diacre, & votre Damase, devenu par un schisme Evêque de Rome, jouirent de ce funeste succès. Ils obtinrent qu'on démolit l'autel de la Victoire élevé dans le Capitole depuis près de huit cents ans, monument du courage de vos ancêtres, qui devait perpétuer la valeur de leurs descendans. Il s'en faut bien que la figure emblématique de la Victoire fût une idolâtrie comme celle de votre Antoine de Padoue, qui *exauce ceux que Dieu n'exauce pas*; celle de François d'Assise, qu'on voyait dans l'Eglise de Rheims en France avec cette inscription, *à François & Jésus tous deux crucifiés*: celle de Saint Crépin, de Ste. Barbe, & tant d'autres, & le ſang d'une vingtaine de Saints qui ſe liquéfie dans Naples à jour nommé, à la tête deſquels eſt le patron *Gennaro* inconnu au reſte de la terre, & le prépuce & le nombril de Jéſus, & le lait de ſa mere, & ſon poil, & ſa chemiſe, ſuppoſé qu'elle en eût, & ſon cotillon. Voilà des idolâtries auſſi plattes qu'avérées; mais pour la Victoire poſée ſur un globe & déployant ſes aîles, une épée dans la main, & des lauriers ſur la tête, c'était la noble déviſe de l'Empire Romain, le ſymbole de la vertu. Le fanatiſme vous enleva ce gage de votre gloire.

De quel front ces nouveaux énergumenes ont-ils oſé ſubſtituer des Rochs, des Fiacres, des Euſtaches, des Urſules, des Nicaiſes, des Scholaſtiques, à Neptune qui préſidait aux mers, à Mars le Dieu de la guerre, à Junon Dominatrice des airs ſous l'empire du grand Zeus, de l'éternel Demiourgos, maître des élémens, des Dieux & des hommes? Mille fois plus idolâtres que vos ancêtres, ces inſenſés vous ont fait adorer des os de morts. Ces plagiaires de l'antiquité ont pris l'eau luſtrale des Romains & des Grecs, leurs proceſſions, la confeſſion pratiquée dans les myſteres de Cérès & d'Iſis, l'encens, les libations, les hymnes, tout juſqu'aux habits des prêtres. Ils dépouillerent l'ancienne Religion & ſe parerent de ſes vêtemens. Ils ſe proſternent encore aujourd'hui devant des ſtatues & des images d'hommes ignorés, en reprochant continuellement aux Périclès, aux Solons, aux Miltiades, aux Cicérons, aux Scipions, aux Catons d'avoir fléchi les genoux devant les emblêmes de la Divinité.

Que dis-je! y a-t-il un ſeul événement dans

l'ancien & le nouveau Testament qui n'ait été copié des anciennes mithologies Indiennes, Caldéennes, Egyptiennes, & Grecques? Le sacrifice d'Idoménée n'est-il pas visiblement l'origine de celui de Jephté? La biche d'Iphigénie n'est-elle pas le bélier d'Isaac? Ne voyez-vous pas Eurydice dans Edith, femme de Loth? Minerve & le cheval Pégaze en frappant des rochers en firent sortir des fontaines; on attribue le même prodige à Moyse; Bacchus avait passé la mer rouge à pied sec avant lui, & il avait arrêté le soleil & la Lune avant Josué. Mêmes fables, mêmes extravagances de tous les côtés.

Il n'y a pas un seul fait miraculeux dans les Evangiles que vous ne trouviez dans des Ecrivains bien antérieurs. La Nymphe Amalthée avoit sa corne d'abondance avant qu'on eut dit que Jésus avait nourri cinq mille hommes, sans compter les femmes, avec deux poissons. Les filles d'Anius avaient changé l'eau en vin & en huile quand on n'avait pas encore parlé des noces de Canaa. Atalide, Hippolite, Alceste, Pélops, Herès étaient ressuscités quand on ne parlait pas encore de la résurrection de Jésus; & Romulus était né d'une Vestale plus de sept cents ans avant que Jésus passât pour être né d'une Vierge. Comparez & jugez.

## ARTICLE IV.

Quand on eut détruit votre Autel de la Victoire, les Barbares vinrent, qui acheverent ce que les Prêtres avoient commencé. Rome devint la proie & le jouët des nations qu'elle avait si longtems ou gouvernées, ou réprimées.

Toutefois vous aviez encor des Consuls, un Sénat des loix municipales; mais les Papes vous ont ravi ce que les Huns, les Hérules, les Goths vous avaient laissé.

Il était inoui qu'un Prêtre osât affecter les droits régaliens dans aucune Ville de l'Empire. On sait assez dans toute l'Europe, excepté dans votre Chancellerie, que jusqu'à Grégoire sept, votre Pape n'était qu'un Evêque Métropolitain, toujours soumis aux Emperenrs Grecs, puis aux Empereurs Francs, puis à la maison de Saxe, recevant d'eux l'investiture, obligés d'envoyer leur profession de foi à l'Evêque de Ravenne & à celui de Milan, comme on le voit expressément dans votre Diarium Romanum. Son titre de Patriarche en Occident lui donnoit un très grand crédit, mais aucun droit à la souveraineté. Un Prêtre Roi était un blasphême dans une Religion dont le fondateur a dit en termes exprès dans l'Evangile, *il n'y aura parmi vous ni premier, ni dernier.* Romains, pesez bien ces autres paroles qu'on met dans la bouche de Jésus: (28) *Il ne dépend pas de moi de vous mettre à ma droite ou à ma gauche, mais seulement de mon pere, &c.* Sachez d'ailleurs que tous les Juifs appelloient & qu'ils appellent encore fils de Dieu un homme juste: demandez-le aux huit mille Juifs qui vendent des haillons parmi vous, comme ils en ont toujours vendu, & observez avec toute votre attention les paroles suivantes: *que celui qui voudra devenir grand parmi vous soit réduit à vous servir. Le Fils de l'homme n'est pas venu pour être servi mais pour servir* (29).

(28) *Matthieu* Chap. XX. v. 23.
(29) *Matthieu* Chap. XX. v. 26. 27. & 28.

En vérité ces mots clairs & précis signifient-ils, que le Pape Boniface huit a dû écraser la maison Colonne? qu'Alexandre VI a dû empoisonner, assassiner tant de Barons Romains? & qu'enfin l'Evêque de Rome a reçu de Dieu dans des tems d'anarchie le Duché de Rome, celui de Ferrare, le Bolonnais, la Marche d'Ancone, le Duché de Castro & Ronciglione, & tout le pays depuis Viterbe jusqu'à Terracine, contrées ravies à leurs légitimes possesseurs? Romains, seroit-ce pour le seul Rezzonico que Jésus aurait été envoyé de Dieu sur la terre?

## ARTICLE V.

Vous m'allez demander par quels ressorts cette étrange révolution s'est pu opérer contre toutes les loix divines & humaines? Je vais vous le dire, & je défie le plus emporté fanatique, auquel il restera une étincelle de raison, & le plus déterminé fripon qui aura conservé dans son ame un reste de pudeur, de résister à la force de la vérité, s'il lit avec l'attention que mérite un examen si important.

Il est certain & personne n'en doute, que les premieres sociétés Galiléennes, nommées depuis Chrétiennes, furent cachées dans l'obscurité & ramperent dans la fange; il est certain que lorsque les Chrétiens commencerent à écrire, ils ne confioient leurs livres qu'à des initiés à leurs mysteres; on ne les communiquait pas même aux Catéchumènes, encore moins aux partisans de la Religion Impériale. Nul Romain ne sut jusqu'à Trajan qu'il y avait des Evangiles; aucun Auteur Grec ou Romain n'a jamais cité ce mot *Evan-*

*gile*; Plutarque, Lucien, Pétrone, Apulée qui parlent de tout, ignorent abſolument qu'il y eût des Evangiles; & cette preuve parmi cent autres preuves démontre l'abſurdité des Auteurs qui prétendent aujourd'hui, ou plutôt qui feignent de prétendre que les diſciples de Jéſus moururent pour ſoutenir la vérité de ces Evangiles dont les Romains n'entendirent jamais parler pendant deux cents années. Les Galiléens demi-juifs, demi-chrétiens, ſéparés des diſciples de Jean, des Thérapeutes, des Eſſéniens, des Judaïtes, des Hérodiens, des Saducéens & des Phariſiens, groſſirent leur petit troupeau dans le bas peuple, non pas aſſurément par le moyen des livres, mais par l'aſcendant de la parole, mais en catéchiſant des femmes, (30) des filles, des enfans, mais en courant de Bourgade en Bourgade; en un mot comme toutes les ſectes s'établiſſent.

En bonne foi, Romains, qu'auroient répondu vos ancêtres ſi St. Paul, ou Simon Barjone, ou Matthias, ou Matthieu, ou Luc avoient comparu devant le Sénat, s'ils avaient dit; notre Dieu Jéſus qui a paſſé toute ſa vie pour le fils d'un charpentier, eſt né l'an 752 de la fondation de Rome, ſous le gouvernement de Cirénius (31), dans un village Juif nommé Bethléem, où ſon pere Joſeph & ſa mere Mariah étaient venus ſe faire inſcrire, quand Auguſte ordonna le dénombrement de l'Univers. Dieu nâquit dans une étable entre un bœuf & un âne (32); les Anges deſcendirent

(30) *Actes chap. XVI. v. 13. & 14.*

(31) *Luc. chap. II. vs. 1. 2. 3. &c.*

(32) *Il eſt reçu dans toute la chrétienté que Jéſus nâquit entre un bœuf & un âne; cependant il n'en eſt pas dit un mot dans les Evangiles: C'eſt une imagination de Juſtin: Lactance en parle, ou du moins l'Auteur d'un mauvais poëme ſur la paſſion attribué à ce Lactance.*

du Ciel à sa naissance, & en avertirent tous les paysans; une étoile nouvelle éclata dans les Cieux & conduisit vers lui trois Rois ou trois Mages d'Orient; qui lui apporterent en tribut de l'encens, de la mirrhe & de l'or; & malgré cet or il fut pauvre toute sa vie. Hérode, qui se mouroit alors, Hérode que vous aviez fait Roi, ayant appris que le nouveau né était Roi des Juifs, fit égorger quatorze mille enfans nouveaux nés des environs, afin que ce Roi fût compris dans leur nombre (33). Cependant un de nos écrivains inspirés de Dieu dit (34) que l'enfant Dieu & Roi s'enfuit en Egypte, & un autre écrivain non moins inspiré de Dieu dit que l'enfant resta à Bethléem (35): un des mêmes écrivains sacrés & infaillibles lui fait une généalogie Royale; un autre écrivain sacré lui composa une généalogie royale entiérement contraire. Jésus prêche des paysans: Jésus garçon de la nôce change l'eau en vin pour des paysans déjà yvres (36). Jésus est emporté par le Diable, sur une montagne, Jésus chasse des Diables & les envoie dans le corps de deux mille cochons dans la Galilée ou il n'y eut jamais de cochons. Jésus dit des injures atroces aux Magistrats. Le Préteur Pontius le fait pendre. Il manifeste sa divinité sitôt qu'il est pendu, la terre tremble, tous les morts sortent de leurs tombeaux, & se promenent dans la Ville aux yeux de Pontius. Il se fait une éclipse centrale du Soleil en plein midi, dans la pleine lune, quoi-

Hi mihi fusa dedit bruta inter inertia primum.
Arida in angustis presepibus herba cubile.

(33) *Matthieu chap. II. vs.* 16.

(34) *Matthieu chap. I. vs.* 14.

(35) *Luc chap. II. vs.* 39.

(36) *Jean chap. II. vs.* 10.

que la chose soit impossible. Jésus ressuscite secretement, monte au Ciel, & envoie publiquement un autre Dieu, qui tombe en plusieurs langues de feu sur les têtes de ses disciples. Que ces mêmes langues tombent sur vos têtes, peres conscrits, faites-vous Chrétiens.

Si le moindre huissier du Sénat avait daigné répondre à ce discours, il leur aurait dit, Vous êtes des fourbes insensés, qui méritez d'être renfermés dans l'hôpital des foux. Vous en avez menti quand vous dites que vôtre Dieu nâquit en l'an de Rome sept cents cinquante-deux, sous le gouvernement de Cirénius Proconsul de Syrie; Cirénius ne gouverna la Syrie que plus de dix ans après; nos régistres en font foi: c'était Quintilius Varus, qui était alors Proconsul de Syrie.

Vous en avez menti quand vous dites qu'Auguste ordonna le dénombrement de l'*Univers*. Vous êtes des ignorans qui ne savez pas qu'Auguste n'était pas le maître de la dixieme partie de l'Univers. Si vous entendez par l'Univers l'Empire Romain, sachez que ni Auguste, ni personne n'a jamais entrepris un tel dénombrement. Sachez qu'il n'y eut qu'un seul cens des citoyens de Rome & de son territoire sous Auguste, & que ce cens se monta à quatre millions de citoyens, & à moins que votre charpentier Joseph & sa femme Mariah n'aient fait votre Dieu dans un fauxbourg de Rome, & que ce charpentier Juif n'ait été un citoyen Romain, il est impossible qu'il ait été dénombré.

Vous en avez ridiculement menti avec vos trois Rois & la nouvelle étoile, & les petits enfans massacrés, & avec vos morts ressuscités & marchant dans les rues à la vue de Pontius Pilatus, qui ne nous en a jamais écrit un seul mot &c. &c.

Vous en avez menti avec votre éclipse du Soleil en pleine lune; notre Préteur Pontius Pilatus nous en aurait écrit quelque chose, & nous aurions été témoins de cette éclipse avec toutes les nations de la terre. Retournez à vos travaux journaliers, paysans fanatiques, & rendez graces au Sénat, qui vous méprise trop pour vous punir.

## ARTICLE VI.

IL est clair que les premiers Chrétiens demi-Juifs, se garderent bien de parler aux Sénateurs de Rome, ni à aucun homme en place, ni à aucun citoyen au-dessus de la lie du peuple. Il est avéré qu'ils ne s'adresserent qu'à la plus vile canaille; c'est devant elle qu'ils se vanterent de guérir les maladies des nerfs, les épilepsies, les convulsions de matrice, que l'ignorance regardait par-tout comme des sortileges, comme des obsessions des mauvais génies, chez les Romains ainsi que chez les Juifs, chez les Egyptiens, chez les Grecs, chez les Syriens. Il était impossible qu'il n'y eût quelque malade de guéri; les uns l'étaient au nom d'Esculape, & l'on a même retrouvé depuis peu à Rome un Monument d'un miracle d'Esculape avec les noms des témoins: les autres étoient guéris au nom d'Isis ou de la Déesse de Syrie, les autres au nom de Jésu &c. La canaille guéri en ce nom croyait à ceux qui l'annonçaient.

## ARTICLE VII.

LEs Chrétiens s'établissaient parmi le peuple par ce

ce moyen qui séduit toujours le vulgaire ignorant: ils avaient encor un ressort bien plus puissant; ils déclamaient contre les riches, ils prêchoient la communauté des biens; dans leurs associations secrettes, ils engageoient leurs Néophites à leur donner le peu d'argent gagné à la sueur de leur front; ils citaient le prétendu exemple de Saphira & d'Anania, (37) que Simon Barjone surnommé Céphas, qui signifie Pierre avait fait mourir de mort subite pour avoir gardé un écu, premier & détestable exemple des rapines Ecclésiastiques.

Mais ils n'auroient pu parvenir à tirer ainsi l'argent de leurs Néophites, s'ils n'avoient prêché la doctrine des Philosophes Cyniques, qui était l'esprit de désappropriation; cela ne suffisait pas encor pour établir un troupeau nombreux; il y avoit longtems que la fin du monde était annoncée; vous la trouverez dans Epicure, dans Lucrece son plus illustre disciple: Ovide du temps d'Auguste avait dit:

*Esse quoque in fatis reminisceret adfore tempus,*
*Quo mare, quo tellus, correptaque regia cœli*
*Ardeat & mundi moles operosa laboret.*

Selon les autres un concours fortuit d'atômes avait formé le monde, un autre concours fortuit devait le démolir.

*Quod superest nunc me huc rationum detulit ordo*
*Ut mihi, mortali, consistere corpore mundum*
*Nativumque simul ratio reddunda sit esse.*

Cette opinion venait originairement des Bracmanes de l'Inde; plusieurs Juifs l'avaient embrassée du tems d'Hérode; elle est formellement dans l'E-

(37) *Actes chap. V. vs. 1. jusqu'au 11.*

vangile de Luc, comme vous l'avez vu ; elle est dans les Epitres de Paul, elle est dans tous ceux qu'on appelle Peres de l'Eglise. Le monde alloit donc être détruit ; les Chrétiens annonçaient une nouvelle Jérusalem, qui paraissoit dans les airs pendant la nuit (38). On ne parlait chez les Juifs que d'un nouveau Royaume des Cieux, c'était le systême de Jean-Baptiste, qui avoit remis en vogue dans le Jourdain l'ancien Batême des Indiens dans le Gange, batême reçu chez les Egyptiens, batême adopté par les Juifs. Ce nouveau royaume des Cieux où les seuls pauvres devoient aller, & dont les riches étaient exclus, fut prêché par Jésus & ses adhérans ; on menaçait de l'enfer éternel ceux qui ne croiraient pas au nouveau Royaume des Cieux : cet enfer inventé par le premier Zoroastre fut ensuite un point principal de la Théologie Egyptienne ; c'est d'elle que vinrent la barque à Caron, Cerbere, le fleuve Léthé, le Tartare, les Furies ; c'est d'Egypte que cette idée passa en Grece, & de-là chez les Romains ; les Juifs ne la connurent jamais jusqu'au temps où les Pharisiens la prêcherent un peu avant le regne d'Hérode ; une de leurs contradictions était d'admettre un enfer en admettant la Métempsycose ; mais peut-on chercher du raisonnement chez les Juifs ? Ils n'en ont jamais eu qu'en fait d'argent. Les Sadducéens, les Samaritains rejetterent l'immortalité de l'ame, parce qu'en effet elle n'est dans aucun endroit de la Loi Mosaïque.

Voilà donc le grand ressort dont les premiers Chrétiens tous demi-Juifs se servirent pour donner de l'activité à la machine nouvelle, commu-

(38) *Voyez l'Apocalypse attribuée à Jean, & Justin & Tertullien.*

nauté de biens, repas ſecrets, myſteres cachés, Evangiles lus aux ſeuls initiés, paradis aux pauvres, enfer aux riches, exorciſmes de charlatans; voilà, dis-je, dans l'exacte vérité les premiers fondemens de la ſecte chrétienne. Si je me trompe, ou plutôt ſi je veux tromper, je prie le Dieu de l'Univers, le Dieu de tous les hommes, de ſécher ma main qui écrit ce que je penſe, de foudroyer ma tête convaincue de l'exiſtence de ce Dieu bon & juſte, de m'arracher un cœur qui l'adore.

## ARTICLE VIII.

ROmains, développons maintenant les artifices, les fourberies, les actes de fauſſaires que les Chrétiens eux-mêmes ont appellés fraudes pieuſes, fraudes qui vous ont enfin couté votre liberté & vos biens, & qui ont plongé les vainqueurs de l'Europe dans l'eſclavage le plus déplorable. Je prends encor Dieu à témoin, que je ne vous dirai pas un ſeul mot qui ne ſoit prouvé. Si je voulois employer toutes les armes de la raiſon contre le fanatiſme, tous les traits perçants de la vérité contre l'erreur, je vous parlerais d'abord de cette quantité prodigieuſe d'Evangiles, qui tous ſe ſont contredits & qu'aujourd'hui vos Papes même reconnaiſſent pour faux: ce qui démontre qu'au moins il y a eu des fauſſaires parmi les premiers Chrétiens; mais c'eſt une choſe aſſez connue. Il faut vous montrer des impoſtures plus communément ignorées, & mille fois plus funeſtes.

## *PREMIERE IMPOSTURE.*

C'Est une superstition bien ancienne que les dernieres paroles des vivans étaient des prophéties, ou du moins des maximes sacrées, des préceptes respectables. On croyait que l'ame prête à se dégager des liens du corps & à moitié réunie avec la divinité, voyait l'avenir & la vérité, qui se montraient alors sans nuage. Suivant ce préjugé, les Judeo-Christicoles forgent dès le premier siecle de l'Eglise, *le Testament des douze Patriarches*, écrit en Grec, qui doit servir de prédiction & de préparation au nouveau royaume de Jésus. On trouve dans le testament de Ruben ces paroles: *Proskuneisetai tou spermati autou; oti uper umon apodaneitai, en polemois oratois, kai aoratois, kai estai en umon basileus aiônon.* Adorez son sperme. Car il mourra pour vous dans des guerres visibles, & invisibles & il sera votre Roi éternellement. On applique cette prophétie à Jésus selon la coutume de ceux qui écrivirent cinquante quatre Evangiles en divers lieux, & qui presque tous tâcherent de trouver dans les écrivains Juifs, & surtout dans ceux qu'on appelle Prophêtes, des passages qu'on pouvait tordre en faveur de Jésus; ils en supposerent même plusieurs évidemment reconnus pour faux. L'Auteur de ce Testament des Patriarches est donc le plus effronté, & le plus mal adroit faussaire qui ait jamais barbouillé du papier d'Egypte: car ce livre fut écrit dans Alexandrie, dans l'école d'un nommé Marc.

## *SECONDE IMPOSTURE.*

ILs supposerent des lettres d'un Roi d'Edesse à Jésus, & de Jésus à ce prétendu Prince, tandis qu'il n'y avait point de Roi à Edesse, ville soumise au gouvernement de Syrie, & que jamais le petit Prince d'Edesse ne prit le titre de Roi; tandis qu'enfin il n'est dit dans aucun Evangile que Jésus sût écrire; tandis que s'il avoit écrit, il en aurait laissé quelque témoignage à ses disciples. Aussi ces prétendues lettres sont aujourd'hui déclarées actes de faussaires par tous les savans.

## *TROISIEME IMPOSTURE PRINCIPALE,*

### *Qui en contient plusieurs.*

ON forge des Actes de Pilate, des lettres de Pilate, & jusqu'à une histoire de la femme de Pilate; mais surtout les lettres de Pilate sont curieuses; les voici.

„ Il est arrivé depuis peu, & je l'ai vérifié, „ que les Juifs par leur envie se sont attiré une „ cruelle condamnation; leur Dieu leur ayant promis de leur envoyer son Saint du haut du Ciel, „ qui serait leur Roi à bien juste titre, & ayant „ promis qu'il serait fils d'une Vierge; le Dieu „ des Hébreux l'a envoyé en effet, moi étant „ Président en Judée. Les principaux des Juifs „ me l'ont dénoncé comme un Magicien, je l'ai „ cru, je l'ai bien fait fouëtter; je le leur ai „ abandonné, ils l'ont crucifié; ils ont mis des „ gardes auprès de sa fosse; il est ressuscité le „ troisieme jour.

Je joins à cette supposition celle du rescrit de

Tibere au Sénat, pour mettre Jésus au rang des Dieux de l'Empire, & les ridicules lettres du Philosophe Séneque à Paul, & de Paul à Séneque, écrites en un latin barbare; & les lettres de la Vierge Marie à St. Ignace, & tant d'autres fictions grossieres dans ce goût: je ne veux pas trop étendre ce dénombrement d'impostures, dont la liste vous effrayerait, si je les comptois une à une.

## QUATRIEME IMPOSTURE.

LA supposition la plus hardie peut-être & la plus grossiere est celle des prophéties attribuées aux Sibilles qui prédisent l'incarnation de Jésus, ses miracles & son supplice, en vers acrostiches: Ces bêtises ignorées des Romains étaient l'aliment de la foi des Catéchumenes. Elles ont eu cours pendant huit siecles parmi nous, & nous chantons encor dans une de nos hymnes, *teste David cum Sibilla*, témoin David & la Sibille.

Vous vous étonnez, sans-doute, qu'on ait pu adopter si longtems ces méprisables facéties, & mener les hommes avec de pareilles brides; mais les Chrétiens ayant été plongés quinze cents ans dans la plus stupide barbarie, les livres étant très-rares, les Théologiens étant très fourbes, on a tout osé dire à des malheureux capables de tout croire.

## CINQUIEME IMPOSTURE.

ILlustres & infortunés Romains, avant d'en venir aux funestes mensonges qui vous ont coûté votre liberté, vos biens, votre gloire, & qui vous ont mis ſous le joug d'un prêtre, & avant de vous parler du prétendu Pontificat de Simon Barjone, qui ſiégea; dit-on, à Rome pendant vingt-cinq annés, il faut que vous ſoyez inſtruits des *Conſtitutions Apoſtoliques*, c'eſt le premier fondement de cette hiérarchie qui vous écraſe aujourd'hui.

Au commencement du ſecond ſiecle il n'y avoit point de ſurveillant, d'Epiſcopos, d'Evêque, revêtu d'une dignite réelle pour ſa vie, attaché irrévocablement à un certain ſiege, & diſtingué des autres hommes par ſes habits; tous les Evêques même furent vêtus comme les Laïques juſqu'au milieu du cinquieme ſiecle. L'aſſemblée était dans la ſalle d'une maiſon retirée. Le Miniſtre était choiſi par les initiés, & exerçait tant qu'on était content de ſon adminiſtration. Point d'Autel, point de cierge, point d'encens: les premiers Peres de l'Egliſe ne parlent qu'avec horreur des Autels & des Temples (39). On ſe contentait de faire des collectes d'argent, & de ſouper enſemble. La ſociété chrétienne s'étant ſecrétement multipliée, l'ambition voulut faire une hiérarchie; comment s'y prend-on? Les frippons qui conduiſaient les enthouſiaſtes leur font accroire qu'ils ont découvert les conſtitutions Apoſtoliques écrites par St. Jean & par St. Matthieu, *quæ ego Matthæus & Johannes vobis tradidimus* (40). C'eſt là qu'on fait dire à Matthieu: *Gardez vous de juger votre Evêque; car il n'eſt donné qu'aux prêtres d'être juges* (41). C'eſt là que Matthieu & Jean diſent; *autant que l'ame eſt au-deſſus du corps, autant le Sa-*

(39) *Juſtin. Tertullien.*
(40) *Conſtitutions Apoſtoliq. Liv. II. chap. LVII.*
(41) *Liv. II. chap. XXXVI.*

*cerdoce l'emporte sur la Royauté: regardez votre Evêque comme un Roi, comme un maître absolu*, Dominum; *donnez-lui vos fruits, vos ouvrages, vos prémices, vos décimes, vos épargne, les prémices, les décimes de votre vin, de votre huile, de vos bleds &c.* (42). *Que l'Evêque soit un Dieu pour vous, & le Diacre un Prophête* (43). *Dans les festins que le Diacre ait double portion, & le prêtre le double du Diacre, & s'ils ne sont pas à table qu'on envoie les portions chez eux* (44).

Vous voyez, Romains, l'origine de l'usage où vous êtes de mettre la nappe pour donner des indigestions à vos Pontifes; & plût à Dieu qu'ils ne s'en fussent tenus qu'au péché de la gourmandise!

Au reste dans cette imposture des constitutions des Apôtres, remarquez bien attentivement que c'est un monument authentique des dogmes du second siecle, & que cet ouvrage de faussaire rend hommage à la vérité en gardant un silence absolu sur des innovations qu'on ne pouvait prévoir, & dont vous avez été inondés de siecle en siecle. Vous ne trouverez dans ce Monument du second siecle ni Trinité, ni consubstantialité, ni transubstantiation, ni confession auriculaire. Vous n'y verrez point que la mere de Jésus soit mere de Dieu, que Jésus eût deux natures & deux volontés, que le St. Esprit procede du Pere & du Fils. Tous ces singuliers ornemens de fantaisie, étrangers à la Religion de l'Evangile, ont été ajoutés depuis au bâtiment grossier que le fanatisme & l'ignorance élevaient dans les trois premiers siecles.

Vous y trouverez bien trois personnes, mais

(42) *Liv. II. chap. XXXIV.*
(43) *Liv. II. chap. XXX.*
(44) *Liv. II. chap. XXXVIII.*

jamais trois perſonnes en un ſeul Dieu. Liſez avec la ſagacité de votre eſprit, ſeule richeſſe que vos tyrans vous ont laiſſée ; liſez la priere commune que les Chrétiens faiſaient dans leurs aſſemblées au ſecond ſiecle par la bouche de l'Epiſcope.

„ O DIEU Tout-Puiſſant, inengendré, inac-
„ ceſſible, ſeul vrai Dieu, & Pere de Chriſt ton
„ fils unique, Dieu au Paraclet, Dieu de tous,
„ toi qui as conſtitué Docteurs les Diſciples par
„ Chriſt &c. (45).

Voilà clairement un ſeul Dieu qui commande à Chriſt & au Paraclet. Jugez ſi cela reſſemble à la Trinité, à la Conſubſtantialité, établie depuis à Nicée, malgré la réclamation conſtante de dix-huit Evêques & de deux mille prêtres (46).

Dans un autre endroit, le même Auteur, qui eſt probablement un Evêque ſecret des Chrétiens à Rome, dit formellement, le Pere eſt Dieu par deſſus tout (47).

C'était la doctrine de Paul, qui éclate en tant d'endroits de ſes Epitres. *Ayons la paix en Dieu par notre Seigneur Jéſus-Chriſt.* (48).

*Nous avons été réconciliés avec Dieu par la mort du fils.* (49).

*Si par le péché d'un ſeul pluſieurs ſont morts, le don de Dieu s'en eſt plus répandu, graces à un ſeul homme, qui eſt Jéſus-Chriſt.* (50).

*Nous ſommes héritiers de Dieu, & cohéritiers de Jéſus-Chriſt.* (51).

(45) *Conſtit. Apoſt. Liv. VIII. chap. VI.*
(46) *Voyez l'hiſtoire de l'Egliſe de Conſtantinople & d'Alexandrie, Bibliothèque Bodléenne.*
(47) *Conſtit. Apoſt. Liv. III. Chap. XV.*
(48) *Epit. aux Rom. Chap. V.*
(49) *Idem.* (50) *Idem.*
(51) *Chap. VIII.*

*Supportez vous les uns les autres comme Jésus vous a supportés pour la gloire de Dieu.* (52).

*A Dieu le seul sage honneur & gloire par Jésus-Christ* (53)

*Jésus nous a été donné de Dieu.* (54)

*Que le Dieu de Notre Seigneur Jésus-Christ, le pere de gloire, vous donne l'esprit de sagesse* (55).

C'est ainsi que le Juif Chrétien Saul-Paul s'explique toujours, c'est ainsi qu'on fait parler Jésus lui-même dans les Evangiles (56). *Mon pere est plus grand que moi;* c'est-à-dire, Dieu fait ce que les hommes ne peuvent faire; car tous les Juifs en parlant de Dieu, disaient mon pere.

La patenotre commence par ces mots, *notre Pere.* Jesus dit: *nul ne le sait que le pere. Nul autre que mon pere ne sait ce jour, pas même les Anges*(57). *Cela ne dépend pas de moi, mais seulement de mon pere* (58). Il est encor très remarquable que Jésus craignant d'être appréhendé au corps, & suant de peur sang & eau, s'écria, *mon pere que ce calice s'éloigne de moi* (59). C'est ce qu'un polisson de nos jours appelle mourir en Dieu. Enfin aucun Evangile ne lui a mis dans la bouche ce blasphême, qu'il était Dieu, consubstantiel à Dieu.

Romains, vous m'allez demander, pourquoi, comment on en fit un Dieu dans la suite des temps? Et moi je vous demande pourquoi & comment on fit des Dieux de Bacchus, de Persée, d'Hercule, de Romulus? encor ne poussa-t-on

(52) *Chap. XV.* (53) *Chap. XVI.*
(54) *Epitre aux Galates chap. I.*
(55) *Epit. aux Ephesiens chap. I.*
(56) *Jean chap XIV. vs. 28.*
(57) *Matth. chap. XXIV. vs. 36.*
(58) *Matth. chap. XX. vs. 23.*
(59) *Luc. chap. XXII. vs. 44.*

pas le ſacrilege juſqu'à leur donner le titre de Dieu Suprême, de Dieu Créateur; ce blaſphême était réſervé pour la ſecte échappée de la ſecte Juive.

## *SIXIEME IMPOSTURE PRINCIPALE.*

JE paſſe ſous ſilence les innombrables impoſtures des voyages de Simon Barjone, de l'Evangile de Simon Barjone, de ſon Apocalypſe, de l'Apocalypſe de Cérinthe ridiculement attribuée à Jean, des Epitres de Barnabé, de l'Evangile des douze Apôtres, de leurs liturgies, des Canons du Concile des Apôtres, de la Confection du *Credo* par les Apôtres, les voyages de Matthieu, les voyages de Thomas, & de tant de rêveries reconnues enfin pour être de la main d'un fauſſaire, qui les fit paſſer ſous des noms révérés des Chrétiens.

Je n'inſiſterai pas beaucoup ſur le Roman du prétendu Pape St. Clément, qui ſe dit ſucceſſeur immédiat de St. Pierre; je remarquerai ſeulement que Simon (60) Barjone & lui rencontrent un vieillard, qui leur dit que ſa femme l'a fait cocu, & qu'elle a couché avec ſon valet; Clément demande au vieillard comment il a ſçu qu'il était cocu? par l'horoſcope de ma femme, lui dit le bon homme; & encor par mon frere, avec qui ma femme a voulu coucher, & qui n'a point voulu d'elle (15). A ce diſcours Clément reconnait ſon pere dans le cocu, & ce même Clément apprend de Pierre qu'il eſt du ſang des Céſars: O Romains! C'eſt donc par de pareils contes que la puiſſance Papale s'eſt établie.

(60) *Récognitions de St. Clément*, *Liv. IX. num.* 32, 33.
(61) *Ibid. num.* 34. & 35.

## *SEPTIEME IMPOSTURE PRINCIPALE,*

*Sur le prétendu Pontificat de Simon Barjone, surnommé Pierre.*

QUi a dit le premier que ce Simon, ce pauvre pêcheur, était venu de Galilée à Rome, qu'il y avait parlé latin, lui qui ne pouvait favoir que le patois de fon pays, & qu'enfin il avait été Pape de Rome vingt-cinq ans? C'eft un Syrien nommé Abdias, qui vivait fur la fin du premier fiecle, qu'on dit Evêque de Babilone (c'eft un bon Evêché.) Il écrivit en Siriaque, nous avons fon ouvrage traduit en latin par Jule Africain. Voici ce que cet écrivain fenfé raconte; il a été témoin oculaire; fon témoignage eft irréfragable. Ecoutez bien.

Simon Barjone Pierre ayant reffufcité la Tabite, ou la Dorcas couturiere des Apôtres, ayant été mis en prifon par l'ordre du Roi Hérode, quoiqu'alors il n'y eût point de Roi Hérode, & un Ange lui ayant ouvert les portes de la prifon felon la coutume des Anges, ce Simon rencontra dans Céfarée l'autre Simon de Samarie, furnommé le Magicien, qui faifait auffi des miracles, & là ils commencerent tous deux à fe morguer. Simon le Samaritain s'en alla à Rome auprès de l'Empereur Néron; Simon Barjone ne manqua pas de l'y fuivre; l'Empereur les reçut on ne peut pas mieux. Un Coufin de l'Empereur vint à mourir: auffitôt c'eft à qui reffufcitera le défunt; le Samaritain a l'honneur de commencer la cérémonie; il invoque Dieu, le mort donne des fignes de vie, & branle la tête. Simon Pierre invoque Jéfus-

Christ, & dit au mort de se lever; le mort se leve & vient l'embrasser. Ensuite vient l'histoire connue des deux chiens: puis Abdias raconte comment Simon vola dans les airs, comment son rival Simon Pierre le fit tomber. Simon le Magicien se cassa les jambes, & Néron fit crucifier Simon Pierre la tête en bas pour avoir cassé les jambes de l'autre Simon. Cette arlequinade a été écrite non seulement par Abdias, mais encor par je ne sais quel Marcel, & par un Egésipe qu'Eusebe cite souvent dans son histoire. Observez, judicieux Romains, je vous en conjure, comment ce Simon Pierre peut avoir régné spirituellement vingt-cinq ans dans votre ville? Il y vint sous Néron, selon les plus anciens écrivains de l'Eglise; il y mourut sous Néron: & Néron ne régna que onze années.

Que dis-je? lisez les Actes des Apôtres, y est-il seulement parlé d'un voyage de Pierre à Rome? il n'en est pas fait la moindre mention. Ne voyez-vous pas que lorsque l'on imagina que Pierre était le premier des Apôtres on voulut supposer qu'il n'y avoit eu que la Ville Impériale digne de sa présence. Voyez avec quelle grossiéreté on vous a trompés en tout: seroit-il possible que le fils de Dieu, Dieu lui-même, n'eût employé qu'une équivoque de polisson, une pointe, un quolibet absurde pour établir Simon Barjone chef de son Eglise: tu es surnommé Pierre, & sur cette pierre je fonderai mon Eglise: si Barjone s'étoit appellé Potiron, Jésus lui aurait donc dit, tu es Potiron, & Potiron sera appellé le Roi des fruits de mon jardin.

Pendant plus de trois cents ans le successeur prétendu d'un paysan de Galilée fut ignoré dans Rome. Voyons enfin comment les Papes devinrent vos maîtres.

## HUITIEME IMPOSTURE.

IL n'y a aucun homme instruit dans l'histoire des Eglises Grecque & Latine, qui ne sache que les sieges Métropolitans établirent leurs principaux droits au Concile de Calcédoine convoqué en 451. par l'ordre de l'Empereur Martian & de Pulchérie, composé de six cents trente Evêques. Les Sénateurs qui présidaient au nom de l'Empereur avoient à leur droite les Patriarches d'Alexandrie & de Jérusalem, & à leur gauche celui de Constantinople, & les députés du Patriarche de Rome. Ce fut par les Canons de ce Concile que les sieges Episcopaux participerent à la dignité des Villes dans lesquelles ils étoient situés. Les Evêques des deux Villes Impériales, Rome, & Constantinople, furent déclarés les premiers Evêques avec des prérogatives égales, par le célebre vingt-huitieme Canon.

*Les Peres ont donné avec justice des prérogatives au siege de l'ancienne Rome, comme à une Ville régnante, & les 150 Evêques du premier Concile de Constantinople, très chéris de Dieu, ont par la même raison attribué les mêmes privileges à la nouvelle Rome, ils ont justement jugé que cette Ville où réside l'Empire & le Sénat, doit lui être égale dans toutes les choses Ecclésiastiques.*

Les Papes se sont toujours débattus contre l'authenticité de ce Canon, ils l'ont défiguré, ils l'ont tordu de tous les sens. Que firent-ils enfin pour éluder cette égalité, & pour anéantir avec le tems tous les titres de sujettion qui les soumettaient aux

Empereurs comme tous les autres ſujets de l'Empire? Ils forgerent cette fameuſe donation de Conſtantin, laquelle a été tenue pour ſi véritable pendant pluſieurs ſiecles, que c'était un péché mortel irrémiſſible d'en douter, & que le coupable encourait *ipſo facto* l'excommunication majeure.

C'étoit une choſe bien plaiſante que cette donation de Conſtantin à l'Evêque Silveſtre.

*Nous avons jugé utile*, dit l'Empereur, *avec tous nos ſatrapes, & tout le peuple Romain, de donner aux Succeſſeurs de Saint Pierre une puiſſance plus grande que celle de notre Sérénité.* Ne trouvez-vous pas, Romains, que le mot de Satrapes eſt bien placé là?

C'eſt avec la même authenticité que Conſtantin dans ce beau Diplôme, dit, *qu'il a mis les Apôtres Pierre & Paul dans de grandes chaſſes d'ambre, qu'il a bâti les Egliſes de St. Pierre & de St. Paul, & qu'il leur a donné de vaſtes Domaines en Judée, en Grece, en Thrace, en Aſie &c.* pour entretenir le luminaire, qu'il a *donné au Pape ſon palais de Latran, des Chambellans, des Gardes du Corps, & qu'enfin il lui donne en pur don à lui & à ſes Succeſſeurs la Ville de Rome, l'Italie, & toutes les Provinces d'Occident*, le tout *pour remercier le Pape Silveſtre de l'avoir guéri de la lâdrerie, & de l'avoir baptiſé*, quoiqu'il n'ait été baptiſé qu'au lit de la mort par Euſebe Evêque de Nicomédie.

Il n'y eut jamais ni piece plus ridicule d'un bout à l'autre, ni plus accréditée dans les tems d'ignorance où l'Europe a croupi ſi longtems après la chûte de votre Empire.

## NEUVIEME IMPOSTURE.

JE passe sous silence un millier de petites impostures journalieres, pour arriver vîte à la grande imposture des Décrétales.

Ces fausses décrétales furent universellement répandues dans le siecle de Charlemagne. C'est là, Romains, que pour mieux vous ravir votre liberté, on en dépouille tous les Evêques; on veut qu'ils n'aient pour Juges que l'Evêque de Rome. Certes s'il est le Souverain des Evêques, il devoit bientôt devenir le vôtre, & c'est ce qui est arrivé. Ces fausses Décrétales abolissaient les Conciles; elles abolirent bientôt votre Sénat, qui n'est plus qu'une cour de judicature, esclave des volontés d'un prêtre. Voilà sur-tout la véritable origine de l'avilissement dans lequel vous rampez. Tous vos droits, tous vos privileges, si longtems conservés par votre sagesse, n'ont pu vous être ravis que par le mensonge. Ce n'est qu'en mentant à Dieu & aux hommes qu'on a pu vous rendre esclaves; mais jamais on n'a pu éteindre dans vos cœurs l'amour de la liberté. Il est d'autant plus fort que la tyrannie est plus grande. Ce mot sacré de liberté se fait encor entendre dans vos conversations, dans vos assemblées, & jusques dans les anti-chambres du Pape.

## ARTICLE IX.

CEsar ne fut que votre Dictateur; Auguste ne fut que votre Général, votre Consul, votre Tribun. Tibere, Caligula, Néron vous laisserent vos Comices, vos prérogatives, vos dignités; les barbares

res même les respecterent. Vous eûtes toujours votre Gouvernement municipal. C'est par votre délibération, & non par l'autorité de votre Evêque Grégoire trois, que vous offrîtes la dignité de Patrice au grand Charles Martel, maître de son Roi & vainqueur des Sarrasins en l'année 741. de notre fautive Ere vulgaire.

Ne croyez pas que ce fût l'Evêque Léon trois qui fit Charlemagne Empereur; c'est un conte ridicule du secrétaire Eginard, vil flatteur des Papes qui l'avaient gagné. De quel droit & comment un Evêque sujet aurait-il fait un Empereur qui n'était jamais créé que par le peuple, ou par les armées qui se mettaient à la place du peuple?

Ce fut vous, Peuple Romain, qui usâtes de vos droits, vous qui ne voulûtes plus dépendre d'un Empereur Grec dont vous n'étiez pas secourus; vous qui nommâtes Charlemagne sans quoi il n'eût été qu'un usurpateur. Les Annalistes de ce tems conviennent que tout était arrangé entre Carolo & vos principaux Officiers (ce qui est en effet de la plus grande vraisemblance.) Votre Evêque n'y eut d'autre part que celle d'une vaine cerémonie, & la réalité de recevoir de grands présens. Il n'avait d'autre autorité légale dans votre ville, que celle du crédit attaché à sa mitre, à son Clergé, & à son savoir faire.

En vous donnant à Charlemagne, vous restâtes les maîtres de l'élection de vos Officiers; la police fut entre leurs mains; vous demeurâtes en possession du Môle d'Adrien, si ridiculement appellé depuis le Château St. Ange, & vous n'avez été pleinement asservis que quand vos Evêques se sont emparés de cette forteresse.

Ils sont parvenus pas à pas à cette grandeur suprême, si expressément proscrite pour eux par celui qu'ils regardent comme leur Dieu, & dont ils osent s'appeller les Vicaires. Jamais sous les Othons ils n'eurent de jurisdiction dans Rome. Les excommunications & les intrigues furent leurs seules armes; & lorsque dans des tems d'anarchie ils ont été en effet Souverains, ils n'ont jamais osé en prendre le titre. Je défie tous les gens habiles qui vendent chez vous des médailles aux étrangers, d'en montrer une seule où votre Evêque soit intitulé votre Souverain. Je défie même les plus habiles fabricateurs de titres dont votre Cour abonde, d'en montrer un seul où le Pape soit traité de Prince par la grace de Dieu. Quelle étrange Principauté que celle qu'on craint d'avouer!

Quoi! les Villes Impériales d'Allemagne qui ont des Evêques sont libres, & vous, Romains, vous ne l'êtes pas! Quoi! l'Archevêque de Cologne n'a pas seulement le droit de coucher dans cette Ville, & votre Pape vous permet à peine de coucher chez vous! Il s'en faut beaucoup que le Sultan des Turcs soit aussi despotique à Constantinople que le Pape l'est devenu à Rome.

Vous périssez de misere sous de beaux portiques. Vos belles peintures dénuées de coloris, & dix ou douze chefs-d'œuvre de la sculpture antique, ne vous procureront jamais ni un bon dîner, ni un bon lit. L'opulence est pour vos maîtres, & l'indigence est pour vous: le sort d'un esclave des anciens Romains étoit cent fois au-dessus du vôtre; car il pouvait acquérir de grandes fortunes; mais vous nés serfs, vous mourrez serfs, & vous n'avez d'huile que celle de l'extrême-onction. Esclaves de corps, esclaves d'esprit, vos tyrans ne souffrent pas même que vous lisiez dans votre langue le livre ſur lequel on dit que votre Religion eſt fondée.

Eveillez vous, Romains, à la voix de la liberté, de la vérité, & de la nature. Cette voix éclate dans l'Europe, il faut que vous l'entendiez ; rompez les chaînes, qui accablent vos mains généreuſes, chaînes forgées par la tyrannie dans l'antre de l'impoſture.

## *HOMELIE DU PASTEUR BOURN,*

*Prêchée à Londres le jour de la Pentecôte* 1768.

VOici le premier jour, mes Freres, où la doctrine & la morale de Jéſus fut manifeſtée par ſes Diſciples. Vous n'attendez pas de moi que je vous explique comment le Saint Eſprit deſcendit ſur eux en langues de feu. Tant de miracles ont précédé ce prodige qu'on ne peut en nier un ſeul ſans les nier tous. Que d'autres conſument leur tems à rechercher pourquoi Pierre en parlant tout d'un coup toutes les langues de l'univers à la fois, était cependant dans la néceſſité d'avoir St. Marc pour ſon interprête ; qu'ils ſe fatiguent à trouver la raiſon pour laquelle ce miracle de la Pentecôte, celui de la réſurrection, tous enfin furent ignorés de toutes les nations qui étoient alors à Jéruſalem ; pourquoi aucun auteur profane ni Grec, ni Romain, ni Juif n'a jamais parlé de ces événemens ſi prodigieux & ſi publics qui devaient longtems occuper l'attention de la terre étonnée. En effet, dit-on, c'eſt un miracle incompréhenſible que Jéſus reſſuſcité montât lentement au ciel dans une nuée à la vue de tous les Romains qui étoient sur l'horison de Jérusalem, sans que jamais aucun Romain ait fait la moindre mention de cette ascension qui aurait dû faire plus de bruit que la mort de César, que les batailles de Pharsale & d'Actium, que la mort d'Antoine & de Cléopatre. Par quelle providence Dieu ferma-t-il les yeux à tous les hommes qui ne virent rien de ce qui devait être vu d'un million de spectateurs. Comment Dieu a-t-il permis que les récits des Chrétiens fussent obscurs, inconnus pendant plus de deux cents années, tandis que ces prodiges dont eux seuls parlent, avaient été si publics? Pourquoi le nom même d'Evangile n'a-t-il été connu d'aucun auteur Grec ou Romain? Toutes ces questions qui ont enfanté tant de volumes nous détourneraient de notre but unique, celui de connaître la doctrine & la morale de Jésus qui doit être la nôtre.

Quelle est la doctrine prêchée le jour de la Pentecôte? Que Dieu a rendu Jésus célebre & lui a donné son approbation? (62)

Qu'il a été supplicié. (63)

Que Dieu l'a ressuscité & l'a tiré de l'enfer, c'est-à-dire, si l'on veut, de la fosse. (64)

Qu'il a été élevé par la puissance de Dieu, & que Dieu a envoyé ensuite son Saint Esprit. (65)

C'est ainsi que Pierre s'explique à cent mille Juifs obstinés, & il en convertit huit mille en deux Sermons, tandis que nous autres nous n'en pouvons pas convertir huit en mille années.

Il est donc incontestable, mes Freres, que la premiere fois que les Apôtres parlent de Jésus, ils

(62) *Actes ch.* 29. *vs.* 22.
(63) *Vs.* 23.
(64) *Vs.* 24.
(65) *Vs.* 33.

en parlent comme de l'envoyé de Dieu, ſupplicié par les hommes, élevé en grace devant Dieu, glorifié par Dieu même. St. Paul n'en parle jamais autrement. Voilà ſans contredit le Chriſtianiſme primitif, le Chriſtianiſme véritable. Vous ne verrez, comme je vous l'ai déja dit dans mes autres diſcours, ni dans aucun Evangile, ni dans les Actes des Apôtres, que Jéſus eût deux natures & deux volontés, que Marie fût mere de Dieu, que le St. Eſprit procede du pere & du fils, qu'il établit ſept ſacremens, qu'il ordonna qu'on adorât des reliques & des images. Tout ce vaſte amas de controverſes était entiérement ignoré. Il eſt conſtant que les premiers Chrétiens ſe bornaient à adorer Dieu par Jéſus, à exorciſer les poſſédés par Jéſus, à chaſſer les diables par Jéſus, à guérir les malades par Jéſus.

Nous ne chaſſons plus les diables, mes Freres. Nous ne guériſſons pas plus les maladies mortelles que ne font les médecins; nous ne rendons pas plus la vue aux aveugles que le Chevalier Tailor. Mais nous adorons Dieu, nous le béniſſons, nous ſuivons la loi qu'il nous a donnée lui-même par la bouche de Jéſus en Galilée. Cette loi eſt ſimple parce qu'elle eſt divine: *Tu aimeras Dieu & ton prochain.* Jeſus n'a jamais recommandé autre choſe. Ce peu de paroles comprend tout. Elles ſont ſi divines que toutes les nations les entendirent dans tous les tems, & qu'elles furent gravées dans tous les cœurs. Les paſſions les plus funeſtes ne purent jamais les effacer. Zoroaſtre chez les Perſans, Taut chez les Egyptiens, Brama chez les Indiens, Orphée chez les Grecs, criaient aux hommes: *Aimez Dieu & le prochain.* Cette loi obſervée eût fait le bonheur de la terre entiere.

Jésus ne vous a pas dit: *Le diable chassé du ciel & plongé dans l'enfer en sortit malgré Dieu pour se déguiser en serpent & pour venir persuader une femme de manger du fruit de l'arbre de la science. Les enfans de cette femme ont été en conséquence coupables en naissant du plus horrible crime & punis à jamais dans des flammes éternelles, tandis que leurs corps sont pourris sur la terre. Je suis venu pour racheter des flammes ceux qui naîtront après moi, & cependant je ne racheterai que ceux à qui j'aurai donné une grace efficace qui peut n'être point efficace.* Cet épouvantable galimathias, mes Freres, ne se trouve heureusement dans aucun Evangile; mais vous y trouvez qu'il faut *aimer Dieu & son prochain.*

Quand toutes les langues de feu qui descendirent sur le galetas où étaient les Disciples auraient parlé, quand elles descendraient pour parler encore, elles ne pouraient annoncer une doctrine plus humaine à la fois & plus céleste.

Jésus adorait Dieu & aimait son prochain en Galilée, adorons Dieu & aimons notre prochain à Londres.

Les Juifs nous disent: Jésus était Juif; il fut présenté au Temple comme Juif; circoncis comme Juif; baptisé comme Juif par le Juif Jean qui baptisait les Juifs selon l'ancien rit Juif; & par une œuvre de surérogation Juive, il payoit le corban Juif; il allait au Temple Juif; il judaïsa toujours; il accomplit toutes les cérémonies Juives. S'il accabla les Prêtres Juifs d'injures parce qu'ils étaient des prévaricateurs scélérats, paîtris d'orgueil & d'avarice, il n'en fut que meilleur Juif. Si la vengeance des Prêtres le fit mourir, il mourut Juif. O Chrétiens, soyez donc Juifs

Je réponds aux Juifs: Mes amis (car toutes les

nations font mes amies) Jésus fut plus que Juif. Il fut homme, il embrassa tous les hommes dans sa charité. Votre loi mosaïque ne connoissait d'autre prochain pour un Juif qu'un autre Juif. Il ne vous était pas permis seulement de vous servir des ustensiles d'un étranger. Vous étiez immondes, si vous aviez fait cuire une longe de veau dans une marmite Romaine. Vous ne pouviez vous servir d'une fourchette & d'une cuiller qui eût appartenu à un citoyen Romain; & supposé que vous vous soyez jamais servi d'une fourchette à table, ce dont je ne trouve aucun exemple dans vos histoires, il fallait que cette fourchette fût Juive. Il est bien vrai, du moins selon vous, que vous volâtes les assiettes, les fourchettes & les cuillers des Egyptiens quand vous vous enfuîtes d'Egygte comme des coquins; mais votre loi ne vous avait pas encor été donnée. Dès que vous eûtes une loi, elle vous ordonna d'exterminer toutes les nations, & de ne réserver que les petites filles pour votre usage. Vous faisiez tomber les murs au bruit des trompettes, vous faisiez arrêter le soleil & la lune, mais c'était pour tout égorger. Voilà comme vous aimiez alors votre prochain.

Ce n'était pas ainsi que Jésus recommandait cet amour. Voyez la belle parabole du Samaritain. Un Juif est volé & blessé par d'autres voleurs Juifs. Il est laissé dans le chemin dépouillé, sanglant & demi-mort. Un Prêtre ortodoxe passe, le considere & poursuit sa route sans lui donner aucun secours. Un autre Prêtre ortodoxe passe & témoigne la même dureté. Vient un pauvre Laïque Samaritain, un hérétique; il panse les plaies du blessé, il le fait transporter, il le fait soigner à ses dépens. Les deux prêtres sont des barbares.

Le Laïque hérétique & charitable eſt l'homme de Dieu. Voilà la doctrine, voilà la morale de Jéſus; voilà ſa Religion.

Nos adverſaires nous diſent que Luc qui était un Laïque & qui a écrit le dernier de tous les Evangéliſtes, eſt le ſeul qui ait rapporté cette parabole, qu'aucun des autres n'en parle, qu'au contraire St Matthieu dit que Jéſus (66) recommanda expreſſément de ne rien enſeigner aux Samaritains & aux Gentils, qu'ainſi ſon amour pour le prochain ne s'étendait que ſur la tribu de Juda, ſur celle de Lévi & la moitié de Benjamin, & qu'il n'aimait point le reſte des hommes. S'il eût aimé ſon prochain, ajoutent-ils, il n'eût point dit qu'il eſt venu apporter le glaive & non la paix, qu'il eſt venu pour diviſer le pere & le fils, le mari & la femme, & pour mettre la diſcorde dans les familles. Il n'aurait point prononcé le funeſte *contrain-les d'entrer*, dont on a tant abuſé. Il n'auroit point privé un marchand forain du prix de deux mille cochons qui était une ſomme conſidérable, & n'aurait pas envoyé le diable dans le corps de ces cochons pour les noyer dans le lac de Génézareth. Il n'aurait pas ſéché le figuier d'un pauvre homme, pour n'avoir pas porté de figues quand *ce n'était pas le tems des figues*. Il n'aurait pas dans ſes paraboles enſeigné qu'un maître agit juſtement quand il charge de fers ſon eſclave pour n'avoir pas fait profiter ſon argent à l'uſure de cinq cents pour cent.

Nos ennemis continuent leurs objections effrayantes en diſant que les Apôtres ont été plus impitoyables que leur maître; que leur premiere opé-

(66) *Matth. ch.* 10. *vs.* 5.

tion fut de se faire apporter tout l'argent des freres, & que Pierre fit mourir Ananiah & sa femme pour n'avoir pas tout apporté. Si Pierre, disent-ils, les fit mourir de son autorité privée, parce qu'il n'avait pu avoir tout leur argent, il méritait d'être roué en place publique. Si Pierre pria Dieu de les faire mourir, il méritait que Dieu le punît. Si Dieu seul ordonna leur mort, heureusement il prononce très rarement de ces jugemens terribles qui dégouteraient de faire l'aumône.

Je passe sous silence toutes les objections des incrédules tant sur la morale & la doctrine de Jésus, que sur tous les événemens de sa vie diversement rapportés. Il faudrait vingt volumes pour refuter tout ce qu'on nous objecte; & une Religion qui aurait besoin d'une si longue apologie ne pourait être la vraie Religion. Elle doit entrer dans le cœur de tous les hommes comme la lumiere dans les yeux, sans effort, sans peine, sans pouvoir laisser le moindre doute sur la clarté de cette lumiere. Je ne suis pas venu ici pour disputer, je suis venu pour m'édifier avec vous.

Que d'autres saisissent tout ce qu'ils ont pu trouver dans les Evangiles, dans les Actes des Apôtres, dans les Epitres de Paul de contraire aux notions communes, aux clartés de la raison, aux regles ordinaires du sens commun. Je les laisserai triompher sur des miracles qui ne paraissent pas nécessaires à leur faible entendement, comme celui de l'eau changée en vin à des noces en faveur de convives déjà yvres, celui de la transfiguration, celui du diable qui emporte le fils de Dieu sur une montagne dont on découvre tous les Royaumes de la terre, celui du figuier, celui de deux mille cochons. Je les laisserai exercer leur critique sur les paraboles qui les scandalisent, sur la prédiction faite par Jésus même au chap. 21. de Luc, qu'il viendrait dans les nuées avec une grande puissance & une grande majesté, avant que la génération devant laquelle il parlait fût passée. Il n'y a point de page qui n'ait produit des disputes. Je m'en tiens donc à ce qui n'a jamais été disputé, à ce qui a toujours emporté le consentement de tous les hommes, avant Jésus & après Jésus, à ce qu'il a confirmé de sa bouche & qui ne peut être nié par personne. *Il faut aimer Dieu & son prochain.*

Si l'écriture offre quelquefois à l'ame une nourriture que la plupart des hommes ne peuvent digérer, nourrissons-nous des alimens salubres qu'elle présente à tout le monde; *Aimons Dieu & les hommes*; fuyons toutes les disputes. Les premiers chapitres de la Genese effarouchaient les esprits des Hébreux, il fut défendu de les lire avant vingt-cinq ans; les prophéties d'Ezéchiel scandalisaient, on en défendit de même la lecture; le Cantique des Cantiques pouvait porter les jeunes hommes & les jeunes filles à l'impureté, Théodore de Mopsuete, les Rabins, Grotius, Châtillon & tant d'autres nous apprennent qu'il n'était permis de lire ce Cantique qu'à ceux qui étaient sur le point de se marier.

Enfin, mes Freres, combien d'actions rapportées dans les livres Hébreux qu'il serait abominable d'imiter! Où serait aujourd'hui la femme qui voudrait agir comme Jahel, laquelle trahit Cisara pour lui enfoncer un clou dans la tête? comme Judith qui se prostitua à Holoferne pour l'assassiner, comme Esther qui, après avoir obtenu de son mari que ses Juifs massacrassent cinq cents Persans dans

Suze, lui en demanda encor trois cents, outre les soixante & quinze mille égorgés dans les provinces. Quelle fille voudrait imiter les filles de Loth qui coucherent avec leur pere? Quel pere de famille se conduiroit comme le Patriarche Juda qui coucha avec sa belle-fille, & Ruben qui coucha avec sa belle-mere? Quel Vaivode imitera David qui s'associa quatre cents brigands perdus, dit l'écriture, de débauches & de dettes, avec lesquels ils massacrait tous les sujets de son Allié Achis jusqu'aux enfans à la mammelle, & qui enfin ayant dix-huit femmes, ravit Betzabée & fit tuer son mari?

Il y a dans l'écriture, je l'avoue, mille traits pareils, contre lesquels la nature se souleve. Tout ne nous a pas été donné pour une regle de mœurs. Tenons nous en donc à cette loi incontestable, universelle, éternelle, de laquelle seule dépend la pureté des mœurs dans toute nation. *Aimons Dieu & le prochain.*

S'il m'était permis de parler de l'Alcoran dans une assemblée de Chrétiens, je vous dirais que les Somites représentent ce livre comme un Chérubin qui a deux visages, une face d'ange & une face de bête. Les choses qui scandalisent les faibles, disent-ils, sont le visage de bête, & celles qui édifient, sont la face d'ange.

Edifions nous & laissons à part tout ce qui nous scandalise: car enfin, mes Freres, que Dieu demande-t-il de nous? Que nous confrontions Matthieu avec Luc, que nous concilions deux généalogies qui se contredisent, que nous discutions quelques passages? Non, il demande que nous l'aimions & que nous soyons justes.

Si nos peres l'avaient été, les disputes sur la liturgie Anglicane n'auraient pas porté la tête de Charles premier ſur un échafaut, on n'auroit pas oſé tramer la conſpiration des poudres, quarante mille familles n'auraient pas été maſſacrées en Irlande, le ſang n'aurait pas ruiſſelé, les buchers n'auraient pas été allumés ſous le regne de la Reine Marie. Que n'eſt-il pas arrivé aux autres nanions pour avoir argumenté en Théologie? Dans quels gouffres épouvantables de crimes & de calamités les diſputes chrétiennes n'ont-elles pas plongé l'Europe pendant des ſiecles. La liſte en ferait beaucoup plus longue que mon ſermon. Les moines diſent que la vérité y a beaucoup gagné, qu'on ne peut l'acheter trop cher, que c'eſt ce qui a valu à leur Saint Pere tant d'annates & tant de pays, que ſi on s'était contenté d'aimer Dieu & ſon prochain, le Pape ne ſe ferait pas emparé du Duché d'Urbin, de Ferrare, de Caſtro, de Bologne, de Rome même, & qu'il ne ſe dirait pas Seigneur ſuzerain de Naples: qu'une Egliſe qui répand tant de biens ſur la tête d'un ſeul homme eſt ſans-doute la véritable Egliſe, que nous avons tort puiſque nous ſommes pauvres & que Dieu nous abandonne viſiblement. Mes freres, il eſt peut-être difficile d'aimer des gens qui tiennent ce langage; cependant *aimons Dieu & notre prochain.* Mais comment aimerons-nous de hauts bénéficiers qui du ſein de l'orgueil, de l'avarice & de la volupté, écraſent ceux qui portent le poids du jour & de la chaleur, & ceux qui parlant avec abſurdité, perſécutent avec inſolence? Mes freres, c'eſt les aimer ſans-doute que de prier Dieu qu'il les convertiſſe.

FIN.

## *FRAGMENT D'UNE LETTRE DU LORD BOLINGBROKE.*

UN très-grand Prince me difait il y a deux mois aux eaux d'Aix-la-Chapelle, qu'il fe ferait fort de gouverner très-heureufement une nation confidérable fans le fecours de la fuperftition. Je le crois fermement, lui répondis-je, & une preuve évidente, c'eft que moins notre Eglife Anglicane a été fuperftitieufe, plus notre Angleterre eft devenue floriffante ; encor quelques pas & nous en vaudrions mieux. Mais il faut du tems pour guérir le fond de la maladie quand on a détruit les principaux fymptomes.

Les hommes, me dit ce Prince, font des efpeces de finges qu'on peut dreffer à la raifon comme à la folie. On a pris longtems ce dernier parti, on s'en eft mal trouvé. Les chefs barbares qui conquirent nos nations barbares crurent d'abord emmufeler les peuples par le moyen des Evêques. Ceux-ci après avoir bien fellé & feffé les fujets, en firent autant aux Monarques. Ils détrônerent Louis le Débonnaire, ou le fot, car on ne détrône que les fots ; il fe forma un cahos d'abfurdités, de fanatifme, de difcordes inteftines, de tyrannie & de fédition, qui s'eft étendu fur cent Royaumes. Faifons précifément le contraire, & nous aurons un contraire effet. J'ai remarqué, ajouta-t-il, qu'un très-grand nombre de bons bourgeois, de prêtres, d'artifans même, ne croit pas plus aux fuperftitions que les confeffeurs des Princes, les Miniftres d'Etat & les Médecins. Mais qu'arrive-t-il ? Ils ont affez de bon fens pour voir l'abfurdité de nos dogmes, & ils ne font ni affez inftruits, ni affez fages pour pénétrer au-delà. Le Dieu qu'on nous annonce, disent-ils, est ridicule, donc il n'y a point de Dieu. Cette conclusion est aussi absurde que les dogmes qu'on leur prêche: & sur cette conclusion précipitée ils se jettent dans le crime, si un bon naturel ne les retient pas.

Proposons-leur un Dieu qui ne soit pas ridicule, qui ne soit pas déshonoré par des contes de vieilles, ils l'adoreront sans rire & sans murmurer; ils craindront de trahir la conscience que ce Dieu leur a donnée. Ils ont un fond de raison, & cette raison ne se révoltera pas. Car enfin, s'il y a de la folie à reconnaître un autre que le Souverain de la nature, il n'y en pas moins à nier l'existence de ce Souverain. S'il y a quelques raisonneurs dont la vanité trompe leur intelligence jusqu'à lui nier l'intelligence universelle, le très-grand nombre, en voyant les astres & les animaux organisés, reconnaîtra toujours le formateur des astres & de l'homme. En un mot, l'honnête homme se plie plus aisément à fléchir devant l'être des êtres que sous un natif de la Mecque ou de Béthléem. Il sera véritablement religieux en écrasant la superstition. Son exemple influera sur la populace, & ni les prêtres, ni les gueux ne seront à craindre.

Alors je ne craindrai plus ni l'insolence d'un Grégoire VII, ni les poisons d'un Alexandre VI, ni le couteau des Cléments, des Ravaillacs, des Baltazard Gérard & de tant d'autres coquins armés par le fanatisme. Croit-on qu'il me sera plus difficile de faire entendre raison aux Allemands qu'il ne l'a été aux Princes Chinois de faire fleurir chez eux une Religion pure, établie chez tous les Lettrés depuis plus de cinq mille ans?

Je lui répondis que rien n'étoit plus raisonnable & plus facile, mais qu'il ne le ferait pas, parce qu'il serait entraîné par d'autres soins dès qu'il serait sur le trône, & que s'il tentait de rendre son peuple raisonnable, les Princes voisins ne manqueraient pas d'armer l'ancienne folie de son peuple contre lui-même.

Les Princes Chinois, lui dis-je, n'avaient point de Princes voisins à craindre quand ils instituerent un culte digne de Dieu & de l'homme. Ils étaient séparés des autres dominations par des montagnes inaccessibles & par des déserts. Vous ne pourrez effectuer ce grand projet que quand vous aurez cent mille guerriers victorieux sous vos drapeaux. Et alors je doute que vous l'entrepreniez. Il faudrait pour un tel projet de l'entousiasme dans la philosophie, & le Philosophe est rarement entousiaste. Il faudrait aimer le genre humain, & j'ai peur que vous ne pensiez qu'il ne mérite pas d'être aimé. Vous vous contenterez de fouler l'erreur à vos pieds, & vous laisserez les imbéciles tomber à genoux devant elle.

Ce que j'avais prédit est arrivé; le fruit n'est pas encor tout-à-fait assez mûr pour être cueilli.

## *LA PROFESSION DE FOI DES THEISTES.*

## INTRODUCTION.

O Vous qui avez sçu porter sur le trône la Philosophie & la Tolérance, qui avez foulé à vos pieds les préjugés, qui avez enseigné les arts de la paix comme ceux de la guerre! Joignez votre voix à la nôtre, & que la vérité puisse triompher comme vos armes.

Nous sommes plus d'un million d'hommes dans l'Europe qu'on peut appeller Théistes; nous osons en attester le Dieu unique que nous servons. Si l'on pouvoit rassembler tous ceux qui sans examen se laissent entraîner aux divers dogmes des sectes où ils sont nés, s'ils sondoient leur propre cœur, s'ils écoutoient leur simple raison, la terre seroit couverte de nos semblables.

Il n'y a qu'un fourbe ou un homme absolument étranger au monde qui ose nous démentir, quand nous dirons que nous avons des freres à la tête de toutes les armées, siégeants dans tous les tribunaux, docteurs dans toutes les Eglises, répandus dans toutes les professions, revêtus enfin de la puissance suprême.

Notre Religion est sans doute divine, puisqu'elle a été gravée dans nos cœurs par Dieu même, par ce maître de la raison universelle qui a dit au Chinois, à l'Indien, au Tartare, & à nous, adore moi & sois juste.

Notre Religion est aussi ancienne que le monde, puisque les premiers hommes n'en pouvoient avoir d'autre, soit que ces premiers hommes se soient appellés Adimo & Procriti dans une partie de l'Inde, & Brama dans l'autre, ou Promethée & Pandore chez les Grecs, ou Oshireth & Isheth chez les Egyptiens, ou qu'ils aient eu en Phénicie des noms que les Grecs ont traduits par celui d'Eon; soit qu'enfin on veuille admettre les noms d'Adam & d'Eve donnés à ces premieres créatures dans la suite des tems par le petit peuple Juif. Toutes les nations s'accordent en ce point, qu'elles ont anciennement reconnu un seul Dieu, auquel

quel elles ont rendu un culte ſimple & ſans mélange qui ne put être infecté d'abord de dogmes ſuperſtitieux.

Notre Religion, ô grand homme! eſt donc la ſeule qui ſoit univerſelle, comme elle eſt la plus antique & la ſeule divine. Nations égarées dans le labirinthe de mille ſectes différentes, le Théiſme eſt la baſe de vos édifices fantaſtiques; c'eſt ſur notre vérité que vous avez fondé vos abſurdités. Enfans ingrats, nous ſommes vos peres; & vous nous reconnoiſſez tous pour vos peres quand vous prononcez le nom de Dieu.

Nous adorons depuis le commencement des choſes la Divinité unique, éternelle, rémunératrice de la vertu & vengereſſe du crime; juſques-là tous les hommes ſont d'accord, tous répetent après nous cette confeſſion de foi.

Le centre où tous les hommes ſe réuniſſent dans tous les temps & dans tous les lieux eſt donc la vérité, & les écarts de ce centre ſont donc le menſonge.

### *Que Dieu eſt le Pere de tous les hommes.*

SI Dieu a fait les hommes, tous lui ſont également chers comme tous ſont égaux devant lui; il eſt donc abſurde & impie de dire que le pere commun a choiſi un petit nombre de ſes enfans pour exterminer les autres en ſon nom.

Or les Auteurs des livres Juifs ont pouſſé leur extravagante fureur juſqu'à oſer dire que dans des tems très récents par rapport aux ſiecles antérieurs, le Dieu de l'Univers choiſit un petit peuple barbare eſclave chez les Egyptiens, non pas pour le faire régner ſur la fertile Egypte, non pas pour qu'il obtint les terres de leurs injuſtes maîtres, mais pour qu'il allât à deux cents cinquante milles de Memphis égorger, exterminer de petites peuplades voiſines de Tyr, dont il ne pouvoit entendre le langage, qui n'avoient rien de commun avec lui, & ſur leſquelles ils n'avoient pas plus de droit que ſur l'Allemagne. Ils ont écrit cette horreur; donc ils ont écrit des livres abſurdes & impies.

Dans ces livres, remplis à chaque page de fables contradictoires, dans ces livres écrits plus de ſept cents ans après la datte qu'on leur dônne, dans ces livres plus mépriſables que les contes Arabes & Perſans; il eſt rapporté que le Dieu de l'univers deſcendit dans un buiſſon pour dire à un pâtre âgé de quatre-vingts ans, *ôtez vos ſouliers.... que chaque femme de votre horde demande à ſa voiſine, à ſon hoteſſe des vaſes d'or & d'argent, des robes, & vous volerez les Egyptiens* (67).

*Et je vous prendrai pour mon peuple & je ſerai votre Dieu.* (68).

*Et j'endurcirai le cœur du Pharaon*, du Roi. (69).

*Si vous obſervez mon pacte, vous ſerez mon peuple particulier ſur tous les autres peuples.* (70).

Joſué parle ainſi expreſſément à la horde Hébraïque, *s'il vous paroît mal de ſervir Adonaï, l'option vous eſt donnée, choiſiſſez aujourd'hui ce qu'il vous plaira; voyez qui vous devez ſervir, ou les dieux que vos peres ont adorés dans la Méſopotamie, ou bien les dieux des Amorrhéens chez qui vous habitez.* (71).

Il eſt bien évident par ce paſſage & par tous

(67) *Exode chap.* 3. (68) *ibid. chap.* 6.
(69) *ibid. chap.* 7. (70) *ibid. chap.* 19.
(71) *Joſué chap.* 24.

ceux qui le précedent, que les Hébreux reconnoissoient plusieurs dieux; que chaque peuplade avoit le sien, que chaque Dieu étoit un Dieu local, un Dieu particulier.

Il est même dit dans Ezéchiel, dans Amos, dans le discours de St. Etienne, que les Hébreux n'adorerent point le Dieu Adonaï dans le désert, mais Rempham & Kium.

Le même Josué continue & leur dit, *Adonaï est fort & jaloux.*

N'est-il donc pas prouvé par tous ces témoignages que les Hébreux reconnurent dans leur Adonaï une espece de Roi invisible au peuple, visible aux chefs du peuple, jaloux des rois voisins, & tantôt vainqueur, tantôt vaincu?

Qu'on remarque surtout ce passage des Juges: *Adonaï marcha avec Juda & se rendit maître des montagnes, mais il ne put exterminer les habitans des vallées, parce qu'ils abondoient en chariots armés de faulx.* (72).

Nous n'insisterons pas ici sur le prodigieux ridicule de dire qu'auprès de Jérusalem les peuples avoient comme à Babilone des chars de guerre dans un malheureux pays où il n'y avoit que des ânes; nous nous bornons à démontrer que le Dieu des Juifs étoit un Dieu local qui pouvoit quelque chose sur les montagnes, & rien sur les vallées: idée prise de l'ancienne mithologie, laquelle admit des dieux pour les forêts, les monts, les vallées & les fleuves.

Et si on nous objecte que dans le premier chapitre de la Genese, Dieu a fait le ciel & la terre, nous répondons que ce chapitre n'est qu'une imitation de l'ancienne cosmogonie des Phéniciens

(72) *Juges chap.* 1.

tres antérieurs à l'établissement des Juifs en Syrie, que ce premier chapitre même, fut regardé par les Juifs comme un ouvrage dangereux, qu'il n'étoit permis de lire qu'à vingt cinq ans. Il faut sur-tout bien remarquer que l'avanture d'Adam & d'Eve n'est rappellée dans aucun des livres Hébreux, & que le nom d'Eve ne se trouve que dans Tobie qui est regardé comme apocrife par toutes les communions Protestantes & par les savants Catholiques.

Si l'on vouloit encor une plus forte preuve que le Dieu Juifs n'étoit qu'un Dieu local, la voici. Un brigand nommé Jephté, qui est à la tête des Juifs, dit aux députés des Ammonites, *Ce que possede Chamos votre Dieu ne vous appartient il pas de droit? laissez-nous donc posséder ce qu'Adonaï notre Dieu a obtenu par ses victoires* (73).

Voilà nettement deux dieux reconnus, deux dieux ennemis l'un de l'autre; c'est bien en vain que le trop simple Calmet veut après des commentateurs de mauvaise foi éluder une vérité si claire. Il en résulte qu'alors le petit peuple Juif, ainsi que tant de grandes nations, avaient leurs dieux particuliers; c'est ainsi que Mars combattoit pour les Troyens & Minerve pour les Grecs; c'est ainsi que parmi nous St. Denis est le protecteur de la France, & que St George l'a été de l'Angleterre. C'est ainsi que par-tout on a déshonoré la Divinité.

## *DES SUPERSTITIONS.*

QUe la terre entiere s'éleve contre nous, si elle l'ose; nous l'appellons à témoin de la pureté de

(73) *Juges ch.* 11.

notre ſainte religion. Avons-nous jamais ſouillé notre culte par aucune des ſuperſtitions que les nations ſe reprochent les unes aux autres? on voit les Perſes, plus excuſables que leurs voiſins, vénérer dans le ſoleil l'image imparfaite de la Divinité qui anime la nature; les Sabéens adorent les étoiles; les Phéniciens ſacrifient aux vents, la Grece & Rome ſont inondées de dieux & de fables; les Syriens adorent un poiſſon. Les Juifs dans le déſert ſe proſternent devant un ſerpent d'airain; ils adorerent réellement un coffre que nous appellons arche, imitant en cela pluſieurs nations qui promenoient leurs petits marmouſets ſacrés dans des coffres, témoins les Egyptiens, les Syriens; témoin le coffre dont il eſt parlé dans l'âne d'or d'Apulée (74); témoin le coffre ou l'arche de Troye qui fut pris par les Grecs & qui tomba en partage à Eurypile (75)

Les Juifs prétendoient que la verge d'Aaron, & un boiſſeau de manne étoient conſervés dans leur ſaint coffre, deux bœufs le traînaient dans une charette, le peuple tomboit devant lui la face contre terre, & n'oſoit le regarder. Adonaï fit un jour mourir de mort ſubite cinquante mille ſoixante & dix Juifs, pour avoir porté la vue ſur ſon coffre, & ſe contenta de donner des hémorroïdes aux Philiſtins qui avoient pris ſon coffre, & d'envoyer des rats dans leurs champs (76) juſqu'à ce que ces Philiſtins lui euſſent préſenté cinq figures de rads d'or, & cinq figures de trou du cu d'or, en lui rendant ſon coffre. O terre! ô nations! ô vérité ſainte! eſt-il poſſible que l'eſprit

(74) *Apul. liv. IX & XI.*
(75) *Pauſanias livre VII.*
(76) *Iec. Liv. des Rois ou de Samuel ch. 5 & 6.*

humain ait été aſſez abruti pour imaginer des ſuperſtitions ſi infames & des fables ſi ridicules!

Ces mêmes Juifs qui prétendent avoir eu les figures en horreur par l'ordre de leur Dieu même, conſervoient pourtant dans leur ſanctuaire, dans leur ſaint des ſaints, deux chérubins qui avoient des faces d'hommes & des mufles de bœuf avec des aîles.

A l'égard de leurs cérémonies, y a-t-il rien de plus dégoûtant, de plus révoltant, & en même tems de plus puérile? n'eſt il pas bien agréable à l'Etre des Etres de brûler ſur une pierre des boyaux & des pieds d'animaux (77)? qu'en peut-il réſulter qu'une puanteur inſupportable? eſt-il bien divin de tordre le cou à un oiſeau, de lui caſſer une aîle, de tremper un doigt dans le ſang & d'en arroſer ſept fois l'aſſemblée? (78)

Où eſt le mérite de mettre du ſang ſur l'orteil de ſon pied droit; & au bout de ſon oreille droite, & ſur le pouce de la main droite? (79)

Mais ce qui n'eſt pas ſi puérile, c'eſt ce qui eſt raconté dans une très ancienne vie de Moyſe, écrite en Hébreu & traduite en latin. C'eſt l'origine de la querelle entre Aaron & Coré.

„ Une pauvre veuve n'avoit qu'une brebis, elle la tondit pour la premiere fois; auſſi-tôt Aaron arrive & emporte la toiſon en diſant, les prémices de la laine appartiennent à Dieu. La veuve en pleurs vient implorer la protection de Coré, qui ne pouvant obtenir d'Aaron la reſtitution de la laine en paie le prix à la veuve. Quelque tems après ſa brebis fait un a-

(77) *Levit. ch. I.* (78) *Ibid. ch. 4.*
(79) *Levit. ch. 8.*

„ gneau, Aaron ne manque pas de s'en emparer.
„ Il eſt écrit, dit-il, que tout premier né appar-
„ tient à Dieu. La bonne femme va ſe plaindre
„ à Coré, & Coré ne peut obtenir juſtice pour
„ elle. La veuve outrée tue ſa brebis; Aaron re-
„ vient ſur le champ, prend le ventre, l'épaule
„ & la tête ſelon l'ordre de Dieu. La veuve au
„ déſeſpoir dit anathême à ſa brebis. Aaron dans
„ l'inſtant revient l'emporter toute entiere; (80)
„ tout ce qui eſt anathême, dit-il, appartient au
„ pontife." Voilà en peu de mots l'hiſtoire de beaucoup de prêtres. Nous entendons les prêtres de l'antiquité; car pour ceux d'aujourd'hui nous avouons qu'il en eſt de ſages & de charitables, pour qui nous ſommes pénétrés d'eſtime.

Ne nous appeſantiſſons pas ſur les ſuperſtitions odieuſes de tant d'autres nations; toutes en ont été infectées excepté les Lettrés Chinois qui ſont les plus anciens Théiſtes de la terre. Regardez ces malheureux Egyptiens que leurs piramides, leur labirinthe, leurs palais & leurs temples ont rendu ſi célebres; c'eſt au pied de ces monuments preſque éternels qu'ils adoroient des chats & des crocodiles. S'il eſt aujourd'hui une religion qui ait ſurpaſſé ces excès monſtrueux, c'eſt ce que nous laiſſons à examiner à tout homme raiſonnable.

Se mettre à la place de Dieu qui a créé l'homme, créer Dieu à ſon tour, faire ce Dieu avec de la farine & quelques paroles, diviſer ce Dieu en mille Dieux, anéantir la farine avec laquelle on a fait ces mille dieux qui ne ſont qu'un Dieu en chair & en os, créer ſon ſang avec du vin, quoique le ſang ſoit, à ce qu'on prétend, déjà dans le

(80) *Page* 165.

corps du Dieu; anéantir ce vin, manger ce Dieu & boire son sang, voilà ce que nous voyons dans quelques pays où cependant les arts sont mieux cultivés que chez les Egyptiens.

Si on nous racontoit un pareil excès de bêtise & d'aliénation d'esprit de la horde la plus stupide des Hottentots & des Cafres, nous dirions qu'on nous en impose; nous renverrions une telle rélation au pays des fables; c'est cependant ce qui arrive journellement sous nos yeux dans les villes les plus policées de l'Europe, sous les yeux des Princes qui le souffrent & des sages qui se taisent. Que faisons-nous à l'aspect de ces sacrileges? Nous prions l'Etre Eternel pour ceux qui les commettent; si pourtant nos prieres peuvent quelque chose auprès de son immensité & entrent dans le plan de sa providence.

### *Des Sacrifices de sang humain.*

Avons-nous jamais été coupables de la folle & horrible superstition de la magie qui a porté tant de peuples à présenter aux prétendus dieux de l'air, & aux prétendus dieux infernaux, les membres sanglants de tant de jeunes gens & de tant de filles, comme des offrandes précieuses à ces monstres imaginaires? aujourd'hui même encor, les habitants des rives du Gange, de l'Indus & des côtes de Coromandel, mettent le comble de la sainteté à suivre en pompe de jeunes femmes riches & belles qui vont se brûler sur le bucher de leurs maris dans l'espérance d'être réunies avec eux dans une vie nouvelle. Il y a trois mille ans que dure cette épouvantable superstition, auprès de laquelle le silence ridicule de nos anachoretes, leur ennuyeuſe pſalmodie, leur mauvaiſe chere, leurs cilices, leurs petites macérations ne peuvent pas même être comptés pour des pénitences. Les Brames ayant, après des ſiecles d'un théiſme pur & ſans tache, ſubſtitué la ſuperſtition à l'adoration ſimple de l'Etre ſuprême, corrompirent leurs voies & encouragerent enfin ces ſacrifices. Tant d'horreur ne pénétra point à la Chine dont le ſage Gouvernement eſt exempt depuis près de cinq mille ans de toutes les démences ſuperſtitieuſes. Mais elle ſe répandit dans le reſte de notre hémiſphere. Point de peuple qui n'ait immolé des hommes à Dieu, & point de peuple qui n'ait été ſéduit par l'illuſion affreuſe de la magie. Phéniciens, Syriens, Scythes, Perſans, Egyptiens, Africains, Grecs, Romains, Celtes, Germains; tous ont voulu être magiciens, & tous ont été religieuſement homicides.

Les Juifs furent toujours infatués de ſortileges; ils jettoient les ſorts, ils enchantoient les ſerpens, ils prédiſoient l'avenir par les ſonges, ils avoient des Voyants qui faiſaient retrouver les choſes perdues; ils chaſſerent les diables & guérirent les poſſédés avec la racine barath en prononçant le mot *Jaho*, quand ils eurent connu la doctrine des diables en Caldée. Les Pithoniſſes évoquerent des ombres. Et même l'auteur de l'Exode, quel qu'il ſoit, eſt ſi perſuadé de l'éxiſtence de la magie, qu'il repréſente les ſorciers attitrés de Pharaon opérant les mêmes prodiges que Moyſe. Ils changerent leurs bâtons en ſerpents comme Moyſe, ils changerent les eaux en ſang comme lui, ils couvrirent comme lui la terre de grenouilles &c. &c. Ce ne fut que ſur l'article des poux qu'ils furent vaincus; ſur quoi on a très bien dit *que les Juifs en savoient plus que les autres peuples en cette partie.*

Cette fureur de la magie commune à toutes les nations disposa les hommes à une cruauté religieuse & infernale avec laquelle ils ne sont certainement pas nés, puisque de mille enfans vous n'en trouvez pas un seul qui aime à verser le sang humain.

Nous ne pouvons mieux faire que de transcrire ici un passage de l'auteur de la Philosophie de l'histoire (81), quoiqu'il ne soit pas de notre avis en tout.

„ Si nous lisions l'histoire des Juifs écrite par „ un auteur d'une autre nation, nous aurions pei- „ ne à croire qu'il y ait eu en effet un peuple fu- „ gitif d'Egypte, qui soit venu par ordre exprès „ de Dieu immoler sept ou huit petites nations „ qu'il ne connoissait pas, égorger sans miséricor- „ de toutes les femmes, les vieillards & les en- „ fans à la mammelle, & ne réserver que les pe- „ tites filles; que ce peuple saint ait été puni de „ son Dieu quand il avoit été assez criminel pour „ épargner un seul homme dévoué à l'anathême, „ Nous ne croirions pas qu'un peuple si abomi- „ nable eût pu exister sur la terre: mais comme „ cette nation elle-même nous rapporte tous ces „ faits dans ses livres saints, il faut la croire.

„ Je ne traite point ici la question si ces livres „ ont été inspirés. Notre sainte Eglise qui a les „ Juifs en horreur, nous apprend que les livres „ Juifs ont été dictés par le Dieu Créateur & Pe- „ re de tous les hommes; je ne puis en former „ aucun doute, ni me permettre même le moin- „ dre raisonnement.

(81) *Phil. de l'hist. page* 171.

„ Il eſt vrai que notre faible entendement ne „ peut concevoir dans Dieu une autre ſageſſe, „ une autre juſtice, une autre bonté que celle dont „ nous avons l'idée; mais enfin, il a fait ce qu'il „ a voulu; ce n'eſt pas à nous de le juger; je m'en „ tiens toujours au ſimple hiſtorique.

„ Les Juifs ont une loi par laquelle il leur eſt „ expreſſément ordonné de n'épargner aucune cho- „ ſe, aucun homme dévoué au Seigneur, *on ne* „ *pourra le racheter, il faut qu'il meure*, dit la loi „ du Lévitique chap. 27. C'eſt en vertu de cette „ loi qu'on voit Jephté immoler ſa propre fille, le „ prêtre Samuel couper en morceaux le Roi Agag. „ Le Pentateuque nous dit que dans le petit pays „ de Madian, qui eſt environ de neuf lieues quar- „ rées, les Iſraëlites ayant trouvé ſix cents ſoi- „ xante & quinze mille brebis, ſoixante & douze „ mille bœufs, ſoixante & un mille ânes, & tren- „ te-deux mille filles vierges, Moyſe commanda „ qu'on maſſacrât tous les hommes, toutes les fem- „ mes & tous les enfans, mais qu'on gardât les „ filles, dont trente-deux ſeulement furent immo- „ lées. Ce qu'il y a de remarquable dans ce dé- „ vouement, c'eſt que ce même Moyſe était gen- „ dre du grand prêtre des Madianites Jéthro qui „ lui avait rendu les plus ſignalés ſervices, & qui „ l'avait comblé de bienfaits.

„ Le même livre nous dit que Joſué fils de Nun, „ ayant paſſé avec ſa horde la riviere du Jourdain „ à pied ſec, & ayant fait tomber au ſon des trom- „ pettes les murs de Jérico dévoué à l'anathême, „ il fit périr tous les habitans dans les flammes; „ qu'il conſerva ſeulement Rahab la paillarde & „ ſa famille qui avait caché les eſpions du ſaint „ peuple; que le même Joſué dévoua à la mort

„ douze mille habitans de la ville de Haï, qu'il
„ immola au Seigneur trente & un Rois du pays,
„ tous soumis à l'anatheme & qui furent perdus.
„ Nous n'avons rien de comparable à ces assassinats religieux dans nos derniers temps, si ce
„ n'est peut-être la St. Barthelemi & les massacres d'Irlande.

„ Ce qu'il y a de triste, c'est que plusieurs personnes doutent que les Juifs aient trouvé six
„ cents soixante & quinze mille brebis, & trente-deux mille filles pucelles dans le village d'un désert au milieu des rochers, & que personne ne
„ doute de la St. Barthelemi. Mais ne cessons de
„ répéter combien les lumieres de notre raison
„ sont impuissantes pour nous éclairer sur les étranges événemens de l'antiquité, & sur les raisons que Dieu, maître de la vie & de la mort,
„ pouvait avoir de choisir le peuple Juif pour
„ exterminer le peuple Cananéen.

Nos chrétiens, il le faut avouer, n'ont que trop imité ces anathemes barbares tant recommandés chez les Juifs; c'est de ce fanatisme que sortirent les croisades qui dépeuplerent l'Europe pour aller immoler en Syrie des Arabes & des Turcs à Jésus-Christ. C'est ce fanatisme qui enfanta les croisades contre nos freres innocents appellés hérétiques: c'est ce fanatisme toujours teint de sang qui produisit la journée infernale de la St. Barthelemi; & remarquez que c'est dans ce temps affreux de la St. Barthelemi que les hommes étoient le plus abandonnés à la Magie. Un prêtre nommé Séchelle brûlé pour avoir joint aux sortileges les empoisonnements & les meurtres avoua dans son interrogatoire que le nombre de ceux qui se croyoient Magiciens passoit dix-huit mille, tant la démence de la Magie eſt toujours compagne de la fureur religieuſe, comme certaines maladies épidémiques en amenent d'autres, & comme la famine produit ſouvent la peſte.

Maintenant, qu'on ouvre toutes les annales du monde, qu'on interroge tous les hommes, on ne trouvera pas un ſeul théiſte coupable de ces crimes. Non, il n'y en a pas un qui ait jamais prétendu ſavoir l'avenir au nom du diable, ni qui ait été meurtrier au nom de Dieu.

On nous dira que les Athées ſont dans les mêmes termes, qu'ils n'ont jamais été ni des ſorciers ridicules, ni des fanatiques barbares. Hélas! que faudra-t-il en conclure? que les Athées tout audacieux, tout égarés qu'ils ſont, tout plongés dans une erreur monſtrueuſe, ſont encor meilleurs que les Juifs, les Payens & les chrétiens fanatiques.

Nous condamnons l'Athéiſme, nous déteſtons la ſuperſtition barbare; nous aimons Dieu & le genre humain; voilà nos dogmes.

### *Des Perſécutions chrétiennes.*

ON a tant prouvé que la ſecte des chrétiens eſt la ſeule qui ait jamais voulu forcer les hommes, le fer & la flamme dans les mains, à penſer comme elle, que ce n'eſt plus la peine de le redire. On nous objecte en vain que les Mahométans ont imité les chrétiens; cela n'eſt pas vrai. Mahomet & ſes Arabes ne violenterent que les Méquois qui les avoient perſécutés, ils n'imposerent aux étrangers vaincus qu'un tribut annuel de douze drachmes par tête, tribut dont on pouvoit ſe racheter en embraſſant la religion Muſulmane.

Quand ces Arabes eurent conquis l'Eſpagne &

la Povince Narbonnoiſe, ils leur laiſſerent leur religion & leurs loix. Ils laiſſent encor vivre en paix tous les chrétiens de leur vaſte Empire. Vous ſavez, grand Prince, que le Sultan des Turcs nomme lui-même le patriarche des chrétiens Grecs, & pluſieurs Evêques. Vous ſavez que ces chrétiens portent leur Dieu en proceſſion librement dans les rues de Conſtantinople, tandis que chez les chrétiens il eſt de vaſtes pays où l'on condamne à la potence où à la roue tout paſteur Calviniſte qui prêche, & aux galeres quiconque les écoute. O nations! comparez & jugez.

Nous prions ſeulement les lecteurs attentifs de relire ce morceau d'un petit livre excellent qui a paru depuis peu, intitulé, Conſeils raiſonnables &c.

„ Vous parlez toujours de martyrs. Eh! Mon-
„ ſieur, ne ſentez-vous pas combien cette miſé-
„ rable preuve s'éleve contre nous? Inſenſés &
„ cruels que nous ſommes, quels barbares ont ja-
„ mais fait plus de martyrs que nos barbares an-
„ cêtres? Ah! Monſieur, vous n'avez donc pas
„ voyagé? vous n'avez pas vu à Conſtance la pla-
„ ce où Jérome de Prague dit à un des bourreaux
„ du Concile qui voulait allumer ſon bucher par
„ derriere, *allume par devant, ſi j'avais craint les*
„ *flammes je ne ſerais pas venu ici.* Vous n'avez
„ pas été à Londres, où parmi tant de victimes
„ que fit brûler l'infame Reine Marie fille du ty-
„ ran Henri VIII., une femme accouchant au
„ pied du bucher, on y jetta l'enfant avec la me-
„ re par l'ordre d'un Evêque.

„ Avez-vous jamais paſſé dans Paris par la Grê-
„ ve où le Conſeiller clerc Anne Dubourg neveu
„ du Chancelier, chanta des cantiques avant ſon
„ ſupplice? Savez-vous qu'il fut exhorté à cette

„ héroïque constance par une jeune femme de „ qualité nommée Madame de la Caille, qui fut „ brûlée quelques jours après lui? Elle était char- „ gée de fers dans un cachot voisin du sien, & ne „ recevait le jour que par une petite grille prati- „ quée en haut dans le mur qui séparait ces deux „ cachots. Cette femme entendait le conseiller qui „ disputait sa vie contre ses juges par les formes „ des loix. *Laissez là*, lui cria-t-elle, *ces indignes* „ *formes, craignez-vous de mourir pour votre Dieu?*

„ Voilà ce qu'un indigne historien tel que le Je- „ suite Daniel n'a garde de rapporter, & ce que „ d'Aubigné & les contemporains nous certifient.

„ Faut-il vous montrer ici la foule de ceux qui „ furent exécutés à Lyon dans la place des Ter- „ raux depuis 1546? Faut-il vous faire voir Ma- „ demoiselle de Cagnon suivant dans une charette „ cinq autres charettes chargées d'infortunés con- „ damnés aux flammes parce qu'ils avaient le mal- „ heur de ne pas croire qu'un homme pût chan- „ ger du pain en Dieu. Cette Fille malheureuse- „ ment persuadée que la religion réformée est la „ véritable, avait toujours répandu des largesses „ parmi les pauvres de Lyon. Ils entouraient en „ pleurant la charette où elle était traînée char- „ gée de fers. *Hélas!* lui criaient-ils, *nous ne* „ *recevrons plus d'aumône de vous. Eh bien*, dit- „ elle, *vous en recevrez encor*, & elle leur jetta „ ses mules de velours que ses bourreaux lui a- „ vaient laissées.

„ Avez-vous vu la place de l'estrapade à Paris? „ elle fut couverte sous François I de corps ré- „ duits en cendre. Savez-vous comme on les „ faisait mourir? on les suspendait à de longues „ bascules qu'on élevait & qu'on baissait tour à

„ tour fur un vaſte bucher, afin de leur faire ſen-
„ tir plus longtems toutes les horreurs de la mort
„ la plus douloureuſe. On ne jettait ces corps
„ ſur les charbons ardents que lorſqu'ils étaient
„ preſque entiérement rotis, & que leurs mem-
„ bres retirés, leur peau ſanglante & conſumée,
„ leurs yeux brûlés, leur viſage défiguré ne leur
„ laiſſaient plus l'apparence de la figure humaine.

„ Le Jéſuite Daniel ſuppoſe ſur la foi d'un in-
„ fâme écrivain de ce tems-là, que François I.
„ dit publiquement qu'il traiterait ainſi le Dau-
„ phin ſon fils s'il donnait dans les opinions des
„ réformés. Perſonne ne croira qu'un Roi qui
„ ne paſſait pas pour un Néron ait jamais pro-
„ noncé de ſi abominables paroles. Mais la vé-
„ rité eſt que tandis qu'on faiſait à Paris ces ſa-
„ crifices de ſauvages qui ſurpaſſent tout ce que
„ l'Inquiſition a jamais fait de plus horrible, Fran-
„ çois I. plaiſantait avec ſes courtiſans, & cou-
„ chait avec ſa maîtreſſe. Ce ne ſont pas là,
„ Monſieur, des hiſtoires de Ste. Potamienne,
„ de Ste. Urſule & des onze mille Vierges; c'eſt
„ un récit fidele de ce que l'hiſtoire a de moins
„ incertain.

„ Le nombre des martyrs réformés ſoit Vau-
„ dois, ſoit Albigeois, ſoit Evangéliques, eſt in-
„ nombrable. Un nommé Pierre Bergier fut brû-
„ lé à Lyon en 1552. avec René Poyet parent
„ du chancelier Poyet. On jetta dans le même
„ bucher Jean Chambon, Louis Dimonet, Louis
„ de Marſac, Etienne de Gravot, & cinq jeunes
„ écoliers. Je vous ferais trembler ſi je vous fai-
„ ſais voir la liſte des martyrs que les proteſtans
„ ont conſervée.

„ Pierre Bergier chantait un pſeaume de Marot
en

„ en allant au supplice. Dites nous en bonne foi „ si vous chanteriez un pseaume latin en pareil „ cas? Dites nous si le supplice de la potence, de „ la roue ou du feu est une preuve de la religion. „ C'est une preuve sans doute de la barbarie hu„ maine. C'est une preuve que d'un côté il y a „ des bourreaux, & de l'autre des persuadés.

„ Non, si vous voulez rendre la religion chré„ tienne aimable, ne parlez jamais de martyrs. „ Nous en avons fait cent fois, mille fois plus „ que tous les Payens. Nous ne voulons point „ répéter ici ce qu'on a tant dit des massacres des „ Albigeois, des habitans de Mérindol, de la „ St. Barthelemi, de soixante ou quatre-vingt „ mille Irlandais protestans égorgés, assommés, „ pendus, brûlés par les Catholiques; de ces mil„ lions d'Indiens tués comme des lapins dans des „ garennes aux ordres de quelques moines. Nous „ frémissons, nous gémissons; mais il faut le di„ re, parler de martyrs à des chrétiens, c'est par„ ler de gibets & de roues à des bourreaux & à „ des records".

Après tant de vérités, nous demandons au monde entier si jamais un Théiste a voulu forcer un homme d'une autre Religion à embrasser le Théisme, tout divin qu'il est. Ah! c'est parce qu'il est divin qu'il n'a jamais violenté personne. Un Théiste a-t il jamais tué? Que dis-je, a-t-il frappé un seul de ses insensés adversaires? Encor une fois comparez & jugez.

Nous pensons enfin qu'il faut imiter le sage gouvernement Chinois, qui depuis plus de cinquante siecles offre à Dieu des hommages purs, & qui l'adorant en esprit & en vérité, laisse la vile populace se vautrer dans la fange des étables des Bonzes ; il tolere ces Bonzes, & il les réprime ; il les contient si bien qu'ils n'ont pu exciter le moindre trouble sous la domination Chinoise ni sous la Tartare. Nous allons acheter dans cette terre antique de la porcelaine, du laque, du thé, des paravants, des magots, des commodes, de la rubarbe, de la poudre d'or : que n'allons-nous y acheter la sagesse ?

## *DES MOEURS.*

LEs mœurs des Théistes sont nécessairement pures puisqu'ils ont toujours le Dieu de la justice & de la pureté devant les yeux, le Dieu qui ne descend point sur la terre pour ordonner qu'on vole les Egyptiens, pour commander à Osée de prendre une concubine à prix d'argent & de coucher avec une femme adultere. (82).

Aussi ne nous voit-on pas vendre nos femmes comme Abraham ; nous ne nous enivrons point comme Noé, & nos fils n'insultent pas au membre respectable qui les a fait naître ; nos filles ne couchent point avec leurs peres comme les filles de Loth, & comme la fille du Pape Alexandre VI. Nous ne violons point nos sœurs comme Ammon viola sa sœur Thamar ; nous n'avons point parmi nous de prêtres qui nous applanissent la voie du crime en osant nous absoudre de la part de Dieu de toutes les iniquités que sa loi éternelle condamne. Plus nous méprisons les superstitions qui nous environnent, plus nous nous imposons la douce nécessité d'être justes & humains. Nous regardons tous les hommes avec des yeux fraternels ;

(82) *Osée chap. I.*

nous les ſecourons indiſtinctement : nous tendons des mains favorables aux ſuperſtitieux qui nous outragent.

Si quelqu'un parmi nous s'écarte de notre loi divine, s'il eſt injuſte & perfide envers ſes amis, ingrat envers ſes bienfaicteurs; ſi ſon orgueil inconſtant & féroce contriſte ſes freres, nous le déclarons indigne du ſaint nom de Théiſte; nous le rejettons de notre ſociété; mais ſans lui vouloir de mal, & toujours prêts à lui faire du bien; perſuadés qu'il faut pardonner, & qu'il eſt beau de faire des ingrats.

Si quelqu'un de nos freres vouloit apporter le moindre trouble dans le gouvernement, il ne ſeroit plus notre frere. Ce ne furent certainement pas des Théiſtes qui exciterent autrefois les révoltes de Naples, qui ont trempé récemment dans la conſpiration de Madrid, qui allumerent les guerres de la fronde & des Guiſes en France, celle de trente ans dans notre Allemagne &c. &c. &c. Nous ſommes fideles à nos Princes, nous payons tous les impôts ſans murmures. Les Rois doivent nous regarder comme les meilleurs citoyens & les meilleurs ſujets. Séparés du vil peuple qui n'obéit qu'à la force & qui ne raiſonne jamais, plus ſéparés encor des Théologiens qui raiſonnent ſi mal, nous ſommes les ſoutiens des trônes que les diſputes eccléſiaſtiques ont ébranlés pendant tant de ſiecles.

Utiles à l'Etat, nous ne ſommes point dangereux à l'Egliſe; nous imitons Jéſus qui allait au Temple.

*De la Doctrine des Théistes.*

ADorateurs d'un Dieu, amis des hommes, compatiſſants aux ſuperſtitions mêmes que nous réprouvons, nous reſpectons toute ſociété, nous n'inſultons aucune ſecte; nous ne parlons jamais avec dériſion, avec mépris de Jéſus qu'on appelle le Chriſt, au contraire nous le regardons comme un homme diſtingué entre les hommes par ſon zêle, par ſa vertu, par ſon amour de l'égalité fraternelle; nous le plaignons comme un réformateur peut-être un peu inconſidéré, qui fut la victime des fanatiques perſécuteurs.

Nous révérons en lui un Théiſte Iſraëlite, ainſi que nous louons Socrate qui fut un Théiſte Athénien. Socrate adoroit un Dieu & l'appelloit du nom de *pere*, comme le dit ſon Evangéliſte Platon. Jéſus appella toujours Dieu du nom de *pere*, & la formule de priere qu'il enſeigna commence par ces mots ſi communs dans Platon, *notre pere*. Ni Socrate, ni Jéſus n'écrivirent jamais rien; ni l'un ni l'autre n'inſtitua une Religion nouvelle. Certes, ſi Jéſus avoit voulu faire une Religion, il l'auroit écrite. S'il eſt dit que Jéſus envoya ſes Diſciples pour baptiſer, il ſe conforma à l'uſage. Le baptême étoit d'une très haute antiquité chez les Juifs; c'étoit une cérémonie ſacrée, empruntée des Egyptiens & des Indiens, ainſi que preſque tous les Rites Judaïques. On baptiſoit tous les Proſélites chez les Hébreux. Les mâles recevoient le baptême après la circonciſion. Les femmes proſélites étoient baptiſées; cette cérémonie ne pouvoit ſe faire qu'en préſence de trois anciens au moins; ſans quoi la régénération étoit nulle. Ceux qui parmi les Iſraëlites aſpiroient à une plus haute perfection se faisoient baptiser dans le Jourdain. Jésus lui-même se fit baptiser par Jean, quoiqu'aucun de ses Apôtres ne fut jamais baptisé.

Si Jésus envoya ses Disciples pour chasser les diables, il y avoit déja très-longtems que les Juifs croyoient guérir des possédés & chasser des diables. Jésus même l'avoue dans le livre qui porte le nom de Matthieu (83). Il convient que les enfans même chassoient les diables.

Jésus à la vérité observa toutes les institutions Judaïques; mais par toutes ses invectives contre les prêtres de son tems, par les injures atroces qu'il disoit aux Pharisiens, & qui lui attirerent son supplice, il paroît qu'il faisoit aussi peu de cas des superstitions Judaïques que Socrate des superstitions Athéniennes.

Jésus n'institua rien qui eût le moindre rapport aux dogmes Chrétiens; il ne prononça jamais le mot de Chrétien: quelques-uns de ses Disciples ne prirent ce surnom que plus de trente ans après sa mort.

L'idée d'oser faire d'un Juif le Créateur du ciel & de la terre, n'entra certainement jamais dans la tête de Jésus. Si on s'en rapporte aux Evangiles, il étoit plus éloigné de cette étrange prétention que la terre ne l'est du ciel. Il dit expressément avant d'être supplicié, *je vais à mon pere qui est votre pere, à mon Dieu qui est votre Dieu.* (84).

Jamais Paul, tout ardent entousiaste qu'il étoit, n'a parlé de Jésus que comme d'un homme choisi par Dieu même pour ramener les hommes à la justice.

(83) *Matthieu chap.* 12.
(84) *Jean chap.* 20.

Ni Jésus, ni aucun de ses Apôtres n'a dit qu'il eût deux natures & une personne avec deux volontés; que sa mere fût mere de Dieu, que son esprit fût la troisieme personne de Dieu, & que cet esprit procédoit du pere & du fils. Si on trouve un seul de ces dogmes dans les quatre Evangiles, qu'on nous le montre, qu'on ôte tout ce qui lui est étranger, tout ce qu'on lui a attribué en divers tems au milieu des disputes les plus scandaleuses & des Conciles qui s'anathêmatiserent les uns les autres avec tant de fureur, que reste-t-il en lui? un adorateur de Dieu qui a prêché la vertu, un ennemi des Pharisiens, un juste, un Théiste; nous osons dire que nous sommes les seuls qui soient de sa Religion, laquelle embrasse tout l'univers dans tous les temps, & qui par conséquent est la seule véritable.

### *Que toutes les Religions doivent respecter le Théisme.*

APrès avoir jugé par la raison entre la sainte & eternelle religion du Théisme, & les autres religions si nouvelles, si inconstantes, si variables dans leurs dogmes contradictoires, si abandonnées aux superstitions, qu'on les juge par l'histoire & par les faits; on verra dans le seul christianisme plus de deux cents sectes différentes qui crient toutes, *mortels, achetez chez moi, je suis la seule qui vend la vérité, les autres n'étalent que l'imposture.*

Depuis Constantin, on le sait assez, c'est une guerre perpétuelle entre les chrétiens, tantôt bornée aux sophismes, aux fourberies, aux cabales, à la haine, & tantôt signalée par les carnages.

Le christianisme tel qu'il est, & tel qu'il n'aurait pas dû être, se fonda sur les plus honteuses fraudes, sur cinquante Evangiles apocriphes, sur les Constitutions Apostoliques reconnues pour supposées, sur des fausses Lettres de Jésus, de Pilate, de Tibere, de Séneque, de Paul, sur les ridicules récognitions de Clément sur l'imposteur qui a pris le nom d'Hermas, sur l'imposteur Abdias, l'imposteur Marcel, l'imposteur Egesipe, sur la supposition de misérables vers attribués aux Sibilles. Et après cette foule de mensonges vient une foule d'interminables disputes.

Le Mahométisme plus raisonnable en apparence & moins impur, annoncé par un seul prophete prétendu, enseignant un seul Dieu, consigné dans un seul livre autentique, se divise pourtant en deux sectes qui se combattent avec le fer, & en plus de douze qui s'injurient avec la plume.

L'antique religion des Bracmanes souffre depuis longtems un grand schisme. Les uns tiennent pour le Charthabhad, les autres pour l'Othorabhad. Les uns croient la chute des animaux célestes à la place desquels Dieu forma l'homme; fable qui passa ensuite en Syrie & même chez les Juifs du tems d'Hérode. Les autres enseignent une Cosmogonie contraire.

Le Judaïsme, le Sabisme, la Religion de Zoroastre rampent dans la poussiere. Le culte de Tyr & de Carthage est tombé avec ces puissantes villes. La Religion des Militades & des Périclès, celle des Paul Emile & des Caton ne sont plus; celle d'Odin est anéantie: les mysteres & les monstres d'Egypte ont disparu; la langue même d'Osiris devenue celle des Ptoloméés, est ignorée de leurs descendants; le Théisme seul est resté debout parmi tant de vicissitudes, & dans le fracas de tant de ruines, immuable comme le Dieu qui en est l'auteur & l'objet éternel.

*Bénédictions sur la Tolérance.*

SOyez béni à jamais, Sire. Vous avez établi chez vous la liberté de conscience. Dieu & les hommes vous en ont récompensé. Vos peuples multiplient, vos richesses augmentent, vos états prosperent, vos voisins vous imitent, cette grande partie du monde devient plus heureuse.

Puissent tous les Gouvernemens prendre pour modele cette admirable loi de la Pensilvanie, dictée par le pacifique Pen, & signée par le Roi d'Angleterre Charles II. le 4 Mars 1681.

„ La liberté de conscience étant un droit que „ tous les hommes ont reçu de la nature, avec „ l'existence, il est fermement établi que personne „ ne sera jamais forcé d'assister à aucun exercice „ public de Religion. Au contraire, il est donné „ plein pouvoir à chacun de faire librement exer- „ cice public ou privé de sa Religion, sans qu'on „ le puisse troubler en rien, pourvu qu'il fasse „ profession de croire un Dieu éternel, tout puis- „ sant, formateur & conservateur de l'univers. "

Par cette loi le Théisme a été consacré comme le centre où toutes les Lignes vont aboutir, comme le seul principe nécessaire. Aussi qu'est-il arrivé? La colonie pour la quelle cette loi fut faite n'étoit alors composée que de cinq cents têtes, elle est aujourd'hui de trois cents mille. Nos Souabes, nos Salsbourgeois, nos Palatins, plusieurs autres colons de notre basse Allemagne, des Suédois, des Holstenois ont couru en foule à Philadelphie. Elle est devenue une des plus belles &

des plus heureuſes villes de la terre & la métropole de dix villes conſidérables Plus de vingt religions ſont autoriſées dans cette province floriſſante ſous la protection du Théiſme leur pere qui ne détourne point les yeux de ſes enfans, tout oppoſés qu'ils ſont entr'eux, pourvu qu'ils ſe reconnoiſſent pour freres. Tout y eſt en paix; tout y vit dans une heureuſe ſimplicité, pendant que l'avarice, l'ambition, l'hypocriſie oppriment encore les conſciences dans tant de provinces de notre Europe. Tant il eſt vrai que le Théiſme eſt doux & que la ſuperſtition eſt barbare.

### *Que toute religion rend témoignage au Théiſme.*

TOute Religion rend malgré elle hommage au Théiſme, quand même elle le perſécute. Ce ſont des eaux corrompues partagées en cent canaux dans des terreins fangeux; mais la ſource eſt pure. Le Mahométan dit, *je ne ſuis ni Juif, ni Chrétien, je remonte à Abraham, il n'étoit point idolâtre, il adoroit un ſeul Dieu.* Interrogez Abraham, il vous dira qu'il étoit de la Religion de Noé qui adorait un ſeul Dieu. Que Noé parle, il confeſſera qu'il étoit de la Religion de Seth; & Seth ne poura dire autre choſe ſinon qu'il étoit de la Religion d'Adam qui adoroit un ſeul Dieu.

Le Juif & le Chrétien ſont forcés, comme nous l'avons vu, de remonter à la même origine. Il faut qu'il avouent que ſuivant leurs propres livres le Théiſme a régné ſur la terre juſqu'au déluge pendant 1656 ans ſelon la Vulgate, pendant 2262 ans ſelon les Septante, pendant 2309 ans ſelon les Samaritains, & qu'ainſi à s'en tenir au plus faible nombre le Théiſme a été la ſeule Religion divine pendant 2513 années jusqu'au temps où les Juifs disent que Dieu leur donna une loi particuliere dans un désert.

Enfin, si le calcul du pere Pétau étoit vrai, si selon cet étrange philosophe qui a fait, comme on l'a dit, tant d'enfans à coups de plume, il y avoit six cents vingt-trois milliards six cents douze millions d'hommes sur la terre descendants d'un seul fils de Noé, si les deux autres freres en avoient produit chacun autant, si par conséquent la terre fut peuplée de plus de dix neuf cents milliards de fideles, en l'an 285 après le déluge, & celà vers le temps de la naissance d'Abraham selon Pétau; & si les hommes en ce temps là n'avoient pas corrompu leurs voies; il s'ensuit évidemment qu'il y eut alors environ dix-neuf cents milliards de Théistes, de plus qu'il n'y a aujourd'hui d'hommes sur le terre.

### *Remontrance à toutes les Religions.*

Pourquoi donc vous élevez-vous aujourd'hui avec tant d'acharnement contre le Théisme, Religions nées de son sein? vous qui n'avez de respectable que l'empreinte de ses traits défigurés par vos superstitions & par vos fables? vous filles parricides qui voulez détruire votre pere: quelle est la cause de vos continuelles fureurs? Craignez-vous que les Théistes ne vous traitent comme vous avez traité le Paganisme, qu'ils ne vous enlevent vos temples, vos revenus, vos honneurs? Rassurez vous, vos craintes sont chimériques. Les Théistes n'ont point de fanatisme; ils ne peuvent donc faire de mal; ils ne forment point un corps, ils n'ont point de vues ambitieuses; répandus sur la face de la terre, ils ne l'ont jamais troublée: l'antre le plus infect des moines les plus imbéciles, peut cent fois plus sur la populace que tous les Théistes du monde; ils ne s'assemblent point, ils ne prêchent point, ils ne font point de cabales. Loin d'en vouloir aux revenus des temples, ils souhaitent que les Eglises, les Mosquées, les Pagodes de tant de villages aient tous une subsistance honnête; que les Curés, les Mollas, les Brames, les Talapoins, les Bonzes, les Lamas des campagnes soient plus à leur aise pour avoir plus de soin des enfans nouveaux nés, pour mieux secourir les malades, pour porter plus décemment les morts à la terre ou au bucher: ils gémissent que ceux qui travaillent le plus, soient les moins récompensés.

Peut-être sont-ils surpris de voir des hommes voués par leurs serments à l'humilité & à la pauvreté, revêtus du titre de Princes, nageants dans l'opulence & entourés d'un faste qui indigne les citoyens. Peut-être ont-ils été révoltés en secret lorsqu'un prêtre d'un certain pays a imposé des loix aux Monarques & des tributs à leurs peuples; ils désireroient pour le bon ordre, pour l'équité naturelle, que chaque Etat fût absolument indépendant; mais ils se bornent à des souhaits: & ils n'ont jamais prétendu ramener la justice par la violence.

Tels sont les Théistes; ils sont freres aînés du genre humain, & ils chérissent leurs freres. Ne les haïssez donc pas, supportez ceux qui vous supportent; ne faites point de mal à ceux qui ne vous en ont jamais fait; ne violez point l'antique précepte de toutes les Religions du monde, qui est celui d'aimer Dieu & les hommes.

Théologiens qui vous combattez tous, ne combattez plus ceux dont vous tenez votre premier dogme. Muphti de Conſtantinople, Sherif de la Mecque, grand Brame de Bénarès, Dalai Lama de Tartarie qui êtes immortel, Evêque de Rome qui êtes infaillible, & vous leurs ſuppots qui tendez vos mains & vos manteaux à l'argent comme les Juifs à la manne, jouïſſez tous en paix de vos biens & de vos honneurs, ſans haïr, ſans inſulter, ſans perſécuter les innocens, les pacifiques Théiſtes, qui formés par Dieu même tant de ſiecles avant vous, dureront auſſi plus que vous dans la multitude des ſiecles.

*Réſignation, & non gloire à Dieu, il eſt trop au-deſſus de la gloire.*

---

## REMONTRANCES DU CORPS DES PASTEURS DU GEVAUDAN.

### *A ANTOINE JEAN RUSTAN, Paſteur Suiſſe à Londres.*

### I.

#### *Que Prêtre doit être modeſte.*

Notre cher & vénérable Confrere, nous avons lu avec douleur votre Facétie intitulée, *l'Etat préſent du Chriſtianiſme.* Vous avouez, il eſt vrai, (page 7.) que *l'ami de la vérité doit être toujours décent & modeſte.* Ah! notre frere, montrez-nous votre foi par vos œuvres. Vous inſultez dans votre licencieux écrit les hommes les plus reſpectables, François & Anglais, & même juſqu'à ceux qui nous ont rendu les plus grands ſervices, qui ont ſouvent arrêté le bras du Miniſtere apeſanti ſur nous en France, qui ont inſpiré la tolérance à tant de Magiſtrats, qui ont été les principaux moteurs de la réhabilitation des Calas, & de la juſtice rendue après trois ans de ſoins, aux cendres de notre frere innocent roué & brûlé dans Toulouſe. Ignorez-vous qu'ils ont tiré des galeres pluſieurs de nos martyrs! Ignorez-vous qu'aujourd'hui même ils travaillent à nous procurer un aſyle où nous puiſſions jouir de la liberté qui eſt le droit de tous les hommes? C'eſt à eux qu'on doit le mépris où eſt tombée la tyrannie de la Cour de Rome & tout ce qu'on oſe contre elle; & vous prenez ce tems-là pour faire contre eux un Libelle! Hélas! notre vénérable camarade, vous ne connaiſſez pas l'eſprit du Gouvernement de France, il regarde la Cour de Rome comme une uſurpatrice; & nous, comme des factieux. Louis XIV. d'une main ſaiſiſſait Avignon, & nous faiſait rouer de l'autre.

Voilà pourquoi des chrétiens catholiques ont fait mourir tant de Paſteurs proteſtants; c'eſt le cas, notre ami, de vous dire: *ce n'eſt pas le tout d'être roué, il faut encor être poli.*

Nous demandons pardon au Seigneur de répéter ce mauvais quolibet; mais en vérité il ne convient que trop à notre triſte ſituation & à votre Libelle diffamatoire. Ne voyez-vous pas que vous juſtifiez en quelque ſorte nos cruels perſécuteurs. Ils diront: nous ne pendons, nous ne rouons que des brouillons inſolents qui troublent la Société. Vous attaquez vos Sauveurs, ceux qui ont prêché la Tolérance; ne voyez-vous pas qu'ils n'ont pu obtenir cette Tolérance pour les Calviniſtes paiſibies ſans inſpirer l'indifférence pour les dogmes, & qu'on nous pendrait encor ſi cette indifférence n'était pas établie? Remercions nos bienfaicteurs. Ne les outrageons pas.

Vous avez de l'eſprit, vous ne manquez pas d'éloquence; mais malheureuſement vous joignez à d'inſipides railleries un ſtile violent & emporté qui ne convient nullement à un Prêtre à qui nous avons impoſé les mains; & nous craignons pour vous que ſi jamais vous revenez en France, vous ne trouviez dans la foule de ceux que vous outragez ſi indignement des gens qui auront les mains plus lourdes que nous.

De quoi vous aviſez-vous (page 148) de dire que *tous les prépoſés aux Finances*, (ſans faire la moindre exception) *ſont des ſangſues du peuple, des fripons qui ſemblent n'avoir en dépôt la puiſſance du Souverain que pour la rendre déteſtable.* Quoi! notre malheureux frere! le Chancelier de l'Echiquier, les Gardes des Rôles ſont des coquins ſelon vous? Les Chambres des Finances de tous les Etats, le Contrôleur Général & les Intendants de France méritent la corde? Vous oſez ajouter qu'*il ſerait difficile d'ajouter à la haine & au mépris que les Parlements & les peuples ont pour eux.*

C'eſt donc ainſi que vous voulez juſtifier ces paroles: *que celui qui n'écoute pas l'aſſemblée ſoit regardé comme un Payen & un Publicain.* Vous ne défendez la Religion Chrétienne que par des diſcours qui vous attireraient le pilori. A-t-on jamais vu une inſolence ſi brutale & ſi puniſſable? Et quel eſt l'homme qui s'éleve ainſi contre un miniſtere néceſſaire à tous les Etats? Y penſez-vous bien notre frere? Avez-vous oublié qui vous êtes?

Nous ne ſommes pas étonnés que vous vous

déchaîniez contre la nobleſſe. Vous dites qu'*il eſt permis aux ſots d'en faire le bouclier de leur ſottiſe* (pag. 93.) *& que les gens ſenſés ne connaiſſent de noble que l'homme de bien*; c'eſt un *ſcandalum magnatum*; c'eſt le diſcours d'un vil ſéditieux & non pas d'un miniſtre de l'Evangile. Tout juré vuidangeur, tout gadouard, tout ſavetier, tout géolier, tout boureau même, peut ſans doute être homme de bien; mais il n'eſt pas noble pour cela. Ceſſez d'outrer la malheureuſe manie de votre ami Jean-Jaques Rouſſeau qui crie que tous les hommes ſont égaux. Ces maximes ſont le fruit d'un orgueil ridicule qui détruirait toute ſociété. Songez que Dieu a dit par la bouche de Jéſus fils de Sirach: *Je hais, je ne puis ſupporter le gueux ſuperbe.*

Oui, notre frere, tous les hommes ſont égaux, en ce qu'ils ont les mêmes membres & les mêmes beſoins, les mêmes droits à la Juſtice diſtributive; mais ils ne peuvent pas tous être à la même place. Il eſt de la différence entre le Soldat & le Capitaine, entre le Sujet & le Prince, entre le Plaideur & le Juge. Le grand Dieu nous préſerve de vouloir vous humilier; mais quand votre pere était à l'hôpital de Genève, où ſon yvrognerie le conduiſit aſſez ſouvent, était-il l'égal des Directeurs de l'hôpital & du premier Sindic? Prenez garde qu'on ne vous diſe: *ne ſutor ultra crepidam.*

Nous ſavons que Mr. Rilliet a dit aux Genevois chez qui nous accourons en foule de nos Provinces, qu'ils ſont au deſſus des Ducs & Pairs de France, & des Grands d'Eſpagne. Si cela eſt, il n'y a point là d'égalité, puiſque les Genevois ſont ſupérieurs; mais remarquez bien que Mr. Rilliet n'a parlé qu'aux Citoyens & que vous n'êtes pas Citoyen.

Vous répondrez que vous êtes Prêtre, & que selon le revérend D &t ur Hic., *le Prêtre est au-dessus du Prince, que les Rois & les Reines doivent fléchir le genou devant un Prêtre Que vouloir juger un Prêtre c'est vouloir juger Dieu lui même*, &c. Nous convenons de toutes ces vérités. Cependant il est toujours bon d'être modeste : car Euripide a dit:

Sterkei de me Sôphrosuna
Dorema Calliston theon ;

& Plutarque dit aussi de merveilleuses choses sur la modestie.

## I I.

*Que Prêtre de l'Eglise Suisse à Londres doit être Chrétien.*

NOtre vénérable frere, vous dites (page 18. de votre Libelle) *que vous n'êtes pas Chrétien*, *mais que vous seriez bien fâché de voir la chûte du Christianisme, surtout dans votre Patrie.* Nous ignorons si vous entendez par votre Patrie, l'Angleterre où vous prêchez, ou bien la France dont vous êtes originaire, ou bien Genève qui vous a nourri. Mais nous sommes très fâchés que vous ne soyez pas Chrétien. Vous vous excuserez peut-être en disant que ce n'est pas vous qui parlez, que c'est un de vos amis, dont vous rapportez un très long discours Mais comment pouvez-vous être l'ami intime d'un homme qui n'est pas Chrétien & qui est

eſt ſi bavard? On voit trop que ce bon ami c'eſt vous-même. Vous lui prêtez vos phraſes, votre ſtile déclamatoire; on ne peut s'y méprendre; ce bon ami c'eſt Ruſtan. *Tu es ille vir.*

Je mets cet ami, dites-vous (page 23.) *au deſſus des Chrétiens vulgaires.* Toujours de l'orgueil, notre frere! toujours de la ſuperbe! ne vous corrigerez vous jamais? Chriſt ſignifie Oint, Chrétien ſignifie Onctueux. Mettez donc de l'onction dans vos paroles, & de la charité dans votre conduite. Ne faites plus de libelle, parlez ſur-tout avec décence de Jeſus-Chriſt. Vous l'appellez (page 61.) *fils putatif d'un Charpentier.* Ah? frere, que celà eſt indécent dans un Paſteur! fils putatif entraîne de ſi vilaines idées! fy! ne vous ſervez jamais de ces expreſſions groſſieres; mais hélas! à qui adreſſons-nous notre correction fraternelle! à un homme qui n'eſt pas Chrétien. Revenez au giron, cher frere, faites vous rebatiſer, mais que ce ſoit par immerſion. Le bain eſt excellent pour les cerveaux trop allumés.

## III.

### *Que Prêtre ne doit point engager les gens dans l'athéiſme.*

VOus employez votre ſeconde Lettre à prouver que tous les Théiſtes ſont Athées. Mais c'eſt comme ſi vous diſiez que tous les Muſulmans, les Chinois, les Parſis, les Tartares qui ne croient qu'en un ſeul Dieu, ſont Athées. Où eſt votre logique, frere? adorer un ſeul Dieu eſt-ce n'en point reconnaître? non content de cette extravagance, vous pouſſez la déraiſon juſqu'à prétendre que les Athées feraient intolérants s'ils étaient les maîtres. Mais qui vous l'a dit ? où avez vous pris cette chimere ? souvenez vous de ce proverbe des anciens Arabes rapporté par Bensira : *qu'y a-t-il de meilleur sur la terre ? la Tolérance.*

On vous accuse vous d'être intolérant comme le sont tous les parvenus orgueilleux. Vous nous apprenez que vous n'étes point Chrétien : nous savons que vous ne pensez pas que Jésus soit consubstantiel à Dieu. Vous êtes donc Théiste. Vous assurez que les Théistes sont Athées ; voyez quelle conclusion on doit tirer de vos beaux arguments ? ah ! notre pauvre frere, vous n'avez pas le sens commun. Les Directeurs de l'hopital de Genève se repentent bien de vous avoir fait apprendre à lire & à écrire. Si jamais vous y revenez, vous y pourez causer de grands maux & surtout à vous-même. Vous avez dans l'esprit une inquiétude & une violence, & dans le stile une virulence qui vous attirera de méchantes affaires. Vous commençates avant d'être Prêtre, & avant même que vous fussiez précepteur chez Mr. Labat, par faire un Libelle scandaleux contre Louis XIV : & contre le ministere de Louis XV. Mr. De Montpérou le fit supprimer par les Scolarques. Songez que les Rois ont les bras longs ; & que vous nous exposez à porter la peine de vos sottises.

## I V.

*Que Prêtre, soit réformé, soit réformable, ne doit ni déraisonner, ni mentir, ni colomnier.*

VOus accusez la Suisse & Genève (dans votre troisieme Lettre à je ne sais qui, page 47.) *de produire de petits Docteurs incrédules.* Vous avez entendu, dites-vous, *des femmes beaux esprits argumenter dans Genève contre Jésus-Christ, & faire les agréables sur l'histoire des Evangiles.*

Nous jugeons qu'il est infâme de calomnier ainsi & la Ville qui vous a nourri par charité & tout le pays Helvétique Si vous ne voulez pas être Chretien à la bonne heure: nous sommes tolérants, soyez Juif, ou Mahométan, ou Guébre ou Brame, ou Sabéen, ou Confutséiste, ou Spinosiste, ou Anabatiste, ou Hernoutre, ou Piétiste, ou Méthodiste, ou Janséniste, pourvu que vous soyez honnête. Mais n'accusez pas les Suisses & les Génevois vos bienfaicteurs d'être sans Religion. Portez surtout un grand respect aux Dames; c'est par elles qu'on parvient; c'est Hélene l'intendante des Ecuries de Constance Clore, qui mit la Religion Chrétienne sur le thrône de Constantin son bâtard. Ce sont des Reines qui ont rendu l'Angleterre, la Hongrie, la Russie Chrétiennes. Nous fumes protégés par la Duchesse de Ferrare, par la mere & la sœur du grand Henri IV. Nous avons toujours besoin de dévotes; ne les aliénez pas de nous. Si les femmes nous abandonnent, nous sommes perdus.

Loin que la Suisse, Genève, la basse Allemagne, l'Angleterre, renoncent comme vous le prétendez au Christianisme, tous ces pays devenus plus éclairés demandent un Christianisme plus pur. Les Laïques sont instruits, & trop instruits aujourd'hui pour les Prêtres. Les Laïques savent que la décision du premier Concile de Nicée fut faite contre le vœu unanime de dix-sept Evêques & de deux mille Prêtres. Ils croient qu'il est impossible que deux personnes soient la même chose, ils croient qu'un homme ne peut pas avoir deux natures. Ils croient que le péché originel fut inventé par Auguſtin.

Ils ſe trompent ſans doute, mais ayons pour eux de l'indulgence. Ils réverent Jeſus : mais Jéſus ſage, modeſte & juſte, qui jamais, diſent-ils, n'a fait ſa proie de s'égaler à Dieu, Jéſus qui jamais n'a dit avoir deux natures & deux volontés ; le Jéſus véritable en un mot & non pas le Jéſus qu'ils prétendent défiguré dès les premiers temps, & encor plus dans les derniers.

On a fait une petite réforme au ſeizieme ſiecle, on en demande partout une nouvelle à grands cris. Le zèle eſt peut-être trop fort, mais on veut adorer Dieu & non les chimeres des hommes.

Nous nous ſouviendrons toute notre vie d'un de nos Confreres du Gévaudan (ce n'eſt pas de la bête dont nous voulons parler.) C'eſt d'un Paſteur qui faiſait aſſez joliment des vers pour un homme qui n'avait jamais été à Paris ; il nous dit quelques heures avant de rendre ſon ame à Dieu.

Amis j'ai longtems combattu
Pour le fanatiſme & la fable ;
Moins de dogme & plus de vertu.
Voilà le culte véritable.

Ces paroles ſe graverent dans tous nos cœurs. Hélas ce ſont les diſputes ſur le dogme qui ont tout perdu. Ces ſeuls mots *tu es pierre & ſur cette pierre je fonderai mon aſſemblée*, ont produit ſept cents ans de guerre entre les Empereurs & les Papes. Les interprétations de deux ou trois autres paroles ont inondé la terre de ſang ; le dogme eſt ſouvent diabolique comme vous ſavez, & la morale eſt divine.

## V.

*Que Prêtre doit ſe garder de dire des ſottiſes le plus qu'il poura.*

Ce n'eſt qu'une bagatelle de dire que c'eſt Mr. De la Chalotais qui vous a appris que les ſauvages n'admettent ni ne nient la Divinité; cela ſe trouve à l'article *Athée* dans toutes les éditions du Dictionnaire Philoſophique, recueil tiré des meilleurs Auteurs Anglais & Français, recueil imprimé longtemps avant le livre de Mr. De la Chalotais, recueil enfin où l'on trouve pluſieurs articles d'un de nos plus illuſtres confreres, pluſieurs de Mr. Abauzit, pluſieurs tirés de Midleton, &c. Voici le paſſage en queſtion.

„ Il y a des peuples Athées, dit Bayle, dans „ ſes penſées ſur les Cometes. Les Caffres, les „ Hottentots, les Topinamboux, & beaucoup „ d'autres petites nations, n'ont point de Dieu; „ mais ils ne le nient ni ne l'affirment; ils n'en „ ont jamais entendu parler; dites leur qu'il y en „ a un, ils le croient aiſément; dites leur que „ tout ſe fait par la nature des choſes, ils vous „ croiront de même. Prétendre qu'ils ſont A„ thées, c'eſt la même imputation que ſi on diſait „ qu'ils ſont Anti-Cartéſiens; ils ne ſont ni pour, „ ni contre Deſcartes. Ce ſont de vrais enfans; „ un enfant n'eſt ni Athée, ni Déiſte; il n'eſt „ rien

„ Quelle concluſion tirerons-nous de tout ce„ ci? Que l'Athéiſme eſt un ſyſtême très perni-

„ cieux dans ceux qui gouvernent, & qu'il l'eſt „ auſſi dans les gens de Cabinet, quoique leur vie „ ſoit innocente ; parce que de leur Cabinet il „ peut percer juſqu'à ceux qui ſont en place ; que „ s'il n'eſt pas ſi funeſte que le fanatiſme, il eſt „ preſque toujours fatal à la vertu. Ajoutons ſur- „ tout qu'il y a moins d'Athées aujourd'hui que „ jamais, depuis que les Philoſophes ont reconnu „ qu'il n'y a aucun être végétant ſans germe, au- „ cun germe ſans deſſein, &c. & que le bled ne „ vient point de pourriture.

„ Des géometres non philoſophes ont rejetté „ les cauſes finales : mais les vrais Philoſophes les „ admettent ; & comme l'a dit un Auteur très- „ connu, *un Catéchiſte annonce Dieu aux enfans,* „ *& Newton le démontre aux ſages.*

Mais voici des choſes plus ſérieuſes. On dit que vous êtes un Théiſte inconſidéré, un Théiſte vacillant, un Théiſte inconſtant, un Chrétien déſerteur, un mauvais Chrétien, un mauvais Théiſte, un calomniateur de tous les partis. On vous reproche de falſifier tout ce que vous rapportez ; de mentir continuellement en attaquant ſans pudeur & le Théiſme & le Chriſtianiſme. On ſe plaint que vous imputiez dans vingt endroits aux Théiſtes, de n'admettre, ni peines, ni récompenſes après la mort, que vous les accuſiez de reſſembler à la fois aux Epicuriens qui n'admettent que des Dieux inutiles, & aux Juifs, qui juſqu'au tems d'Hérode ne connurent ni l'immortalité de l'ame, dont le Pentateuque n'a jamais parlé, ni la juſtice de Dieu dans une autre vie de laquelle le Pentateuque n'a pas parlé d'avantage. Vous oſez charger de ces impiétés les plus ſages, les plus pieux Théiſtes, c'eſt-à-dire ceux qui ouvrent le ſanctuaire de la Religion par les mains de Dieu même avant d'y entrer avec Jéſus; liſez leurs livres, & voyez y votre comdamnation.

*La Profeſſion de foi des Théiſtes* eſt un ouvrage preſque divin adreſſé à un grand Roi. On y lit ces paroles (pag. 7.) „ Nous adorons depuis le „ commencement des choſes la Divinité unique, „ éternelle, rémunératrice de la vertu & vengereſſe du crime, juſques là tous les hommes ſont „ d'accord, tous répetent après nous cette con„ feſſion de foi. Le centre où tous les hommes „ ſe réuniſſent dans tous les tems, dans tous les „ lieux eſt donc la vérité & les écarts de ce cen„ tre ſont donc le menſonge.

Au reſte quand nous diſons que cet ouvrage eſt preſque divin, nous ne prétendons louer que la ſaine morale, l'adoration de l'Etre Suprême, la bienfaiſance, la tolérance que ce petit livre enſeigne & nous regardons ces préceptes comme des préparations à l'Evangile.

Le Lord Bolingbroke s'exprime ainſi, (page 216.) nouvelle édition de ſon admirable livre *l'Examen Important*.

„ Vous avez le front de demander ce qu'il faut „ mettre à la place de vos Fables! Je vous ré„ ponds Dieu, la vérité, la vertu, des loix, des „ peines & des récompenſes; prêchez la probité „ & non le dogme, ſoyez les Prêtres de Dieu, & „ non les Prêtres d'un homme.

L'Auteur du Militaire Philoſophe, de cet excellent ouvrage qu'on ne peut trop méditer, s'exprime ainſi (page 41. de la nouvelle édition.)

„ Je mets au nombre des moments les plus heu„ reux de ma vie, celui où mes yeux ont com„ mencé à s'ouvrir. Indépendamment du calme

„ & de la liberté d'eſprit dont je jouis depuis que „ je ne ſuis plus ſous le joug des préjugés Reli- „ gieux, je ſens que j'ai de Dieu, de ſa nature „ & de ſes puiſſances infinies des ſentimens plus „ élevés & plus dignes de ces grands objets. Je „ ſuis plus fidele à mes devoirs, je les remplis a- „ vec plus de plaiſir & d'exactitude depuis que „ je les ai réduits à leurs véritables bornes, & „ depuis que j'ai fondé l'obligation morale ſur ſa „ vraie baze: en un mot, je ſuis tout un autre „ homme, tout un autre pere, tout un autre fils, „ tout un autre mari, tout un autre maître, tout „ un autre ſujet ; je ſerais de même tout un autre „ ſoldat ou tout un autre Capitaine. Dans tou- „ tes mes actions je conſulte la nature, la raiſon „ & la conſcience qui m'inſtruiſent de la vérita- „ ble juſtice, au lieu que je ne conſultais aupara- „ vant que ma ſecte qui m'étourdiſſait de précep- „ tes frivoles, injuſtes, impraticables & nuiſi- „ bles ; mes ſcrupules ne tombent plus ſur ces „ vaines pratiques dont l'obſervation tient lieu à „ tant de gens, de la probité & des vertus ſocia- „ les. Je ne me permets plus ces petites injuſti- „ ces qu'on a ſi ſouvent occaſion de commettre „ dans le cours de la vie, & qui entraînent quel- „ quefois de très grands malheurs.

Nous voyons avec une extrême ſatisfaction que tout les grands Théiſtes admettent un Dieu juſte qui punit, qui récompenſe & qui pardonne. Les vrais Chrétiens doivent révérer le Théiſme comme la baze de la Religion de Jéſus; point de Religion ſans Théiſme, c'eſt-à dire ſans la ſincere adoration d'un Dieu unique. Soyons donc Théiſtes avec Jéſus & comme Jéſus, que vous appellez ſi indignement fils ... putatif d'un Charpentier.

*Instructions à Antoine Jean Rustan.*

Si vous vouliez être véritablement utile à vos freres, nous vous exhorterions à écrire sagement contre ceux des Théistes qui se sont écartés de la Religion Chrétienne; mais en les réfutant que ce soit avec sagesse & avec charité; faites quelques pas vers eux, afin qu'ils viennent à nous. Si vous combattez l'erreur, rendez justice au mérite.

N'écrivez qu'avec respect contre le Curé Melier qui demanda pardon en mourant d'avoir enseigné le Christianisme; il n'aurait pas eu ces remords s'il avait enseigné un seul Dieu ainsi que Jésus.

Vous ne gagnerez rien à vomir des injures contre Mylord Herbert, Mylord Shaftsburi, Mylord Bolingbroke, le Comte de Boulainvilliers, le Consul Maillet, le Savant & judicieux Bayle, l'intrépide Hobbes, le hardi Toland, l'éloquent & ferme Trenchard, l'estimable Gordon, le Savant Tindal, l'adroit Midleton & tant d'autres.

Ce n'est pas une petite entreprise de répondre à l'Examen important, au Cathéchisme de l'Honnête Homme, au Militaire Philosophe, au Livre du Savant & judicieux Frêret, au Dialecticien Dumarsai, au livre de Boulanger, à l'Evangile de la Raison, au Vicaire Savoyard, le seul véritablement bon ouvrage qu'ait jamais fait Jean-Jaques Rousseau.

Tous ces Auteurs prétendent que le systême qu'ils combattent, s'est établi naturellement & sans aucun prodige. Ils disent qu'à la vérité les Prêtres d'Isis, ceux de la Déesse de Syrie, ceux de Cérès Eleusine, & tant d'autres avaient des secrets pour chasser les esprits malins du corps des Lunatiques, que les Juifs depuis qu'ils avoient embraſſé la doctrine des Diables, les chaſſaient par la vertu de la racine barath & de la clavicule de Salomon. Que dans Matthieu & Luc (85) on convient de cette puiſſance du peuple Juif; mais ils ajoutent avec audace que ce miracle n'eſt pas bien avéré chez les Prêtres de Syrie. Les Galiléens, dit Dumarſai, ajouterent à leurs exorciſmes des déclamations contre les riches. Ils criaient, la fin du monde approche: le Royaume du Ciel va venir; il n'y aura que les pauvres qui entreront dans ce Royaume; donnez-nous tout ce que vous avez, & nous vous ferons entrer. Ils prédiſaient toutes ſortes de malheurs à l'Empire Romain, comme le rapporte Lucien qui en a été le témoin (86). Les malheurs ne manquent jamais d'arriver. Tout homme qui prédira des malheurs ſera toujours un vrai Prophête; le peuple criait miracle & prenait les Galiléens pour des ſorciers. Peu à peu les Galiléens s'inſtruiſirent chez les Platoniciens; ils mêlerent leurs contes avec les dogmes de Platon, ils en compoſerent une ſecte nouvelle.

Voilà ce que Dumarſai dit; & ce qu'il faut abſolument réfuter.

Mylord Bolingbroke va encor plus loin; il cite l'exemple du cardeur de laine le Clerc, qui le premier établit le Calviniſme en France, & qui fut martyriſé; Fox le patriarche des Quakers qui était un payſan; Jean de Leide tailleur qui fut Roi des Anabatiſtes; & vingt exemples ſemblables; voilà dit-il, comme les ſectes s'établiſſent; il faut réfuter Mylord Bolingbroke.

Le Prince reſpectable qui a fait le Sermon des Cinquante, réimprimé ſix fois dans le Recueil né-

(85) *Matthieu chap. 12. Luc. chap. 11.*
(86) *Voyez le Philopatris de Lucien.*

cessaire (*Tom. I. pag.* 166.) s'exprime ainsi : „ La
„ secte de ce Jesus subsiste cachée ; le fanatisme
„ s'augmente ; on n'ose pas d'abord faire de cet
„ homme un Dieu, mais bientôt on s'encourage.
„ Je ne sais quelle métaphysique de Platon s'amal-
„ game avec la secte Nazaréenne. On fait de Jé-
„ su le *Logos*, le verbe de Dieu ; puis consubstan-
„ tiel à Dieu son pere ; on imagine la Trinité, &
„ pour la faire croire on falsifie les premiers Evan-
„ giles. On ajoute un passage touchant cette Tri-
„ nité, de même qu'on falsifie l'historien Josephe
„ pour lui faire dire un mot de Jésus, quoique Jo-
„ sephe soit un Historien trop grave pour avoir
„ fait mention d'un tel homme. On va jusqu'à
„ forger des vers des Sibilles ; on suppose des
„ Canons des Apôtres, des Constitutions des A-
„ pôtres, un Symbole des Apôtres, un Voyage
„ de Simon Pierre à Rome, un assaut de miracles
„ entre ce Simon & un autre Simon prétendu ma-
„ gicien. En un mot, point d'artifice, de frau-
„ de, d'imposture, que les Nazaréens ne mettent
„ en œuvre : & après cela on vient nous dire tran-
„ quilement que les Apôtres prétendus n'ont pu
„ être ni trompés ni trompeurs, & qu'il faut croi-
„ re à des témoins qui se sont fait égorger pour
„ soutenir leurs dépositions.

„ O malheureux trompeurs & trompés qui par-
„ lez ainsi ! Quelle preuve avez-vous que ces A-
„ pôtres ont écrit ce qu'on met sous leur nom ?
„ Si on a pu supposer des Canons, n'a-t-on pas
„ pu supposer des Evangiles ? N'en reconnaissez-
„ vous pas vous-mêmes de supposés ? Qui vous
„ a dit que les Apôtres sont morts pour soutenir
„ leur témoignage ? Il n'y a pas un seul Historien
„ contemporain qui ait seulement parlé de Jésus

„ & de ſes Apôtres. Avouez que vous ſoutenez
„ des menſonges par des menſonges; avouez que
„ la fureur de dominer ſur les eſprits, le fanatiſme
„ & le tems ont élevé cet édifice qui croule au-
„ jourd'hui de tous côtés, mazure que la raiſon
„ déteſte, & que l'erreur veut ſoutenir.

Réfutez le Prince Auteur de ces paroles à moins que vous n'aimiez mieux être ſon Aumônier, ce qui vous ſerait plus avantageux.

Quand vous réfuterez ces Auteurs, gardez-vous de falſifier les Saintes Ecritures; ne défendez pas la vérité par le menſonge. On vous reproche aſſez d'avoir corrompu le texte en diſant dans votre Libelle que lorſque le Seigneur ſur le bord du fleuve Chobar commanda à Ezéchiel de manger un livre de parchemin & de ſe coucher pendant trois cents ſoixante & ſix jours ſur le côté gauche, & pendant quarante ſur le côté droit, il *lui ordonna auſſi de ſe faire du pain de pluſieurs ſortes de graines, & de ſe ſervir pour le cuire de bouze de vache.* Liſez la Vulgate, vous y trouverez ces propres mots, *comedes illud & ſtercore quod egreditur de homine, operies illud in oculis eorum. Tu mangeras ce pain, & tu le couvriras de l'excrément qui ſort du corps de l'homme. Couvrir* ſon pain de cet excrément n'eſt pas *cuire* ſon pain avec cet excrément. Le Seigneur ſe laiſſe enſuite toucher aux prieres du Prophête; il lui dit je te donne de la fiente de bœuf au lieu de fiente d'homme.

Pourquoi donc avoir falſifié le texte? Pourquoi nous expoſez-vous aux plaintes ameres des incrédules, c'eſt-à dire, de ceux qui ne ſont pas crédules, & qui ne vous en croiront pas ſur votre parole?

Nous n'approuvons pas la ſimplicité de ceux qui

traduisent *stercore* par *de la merde*. C'est le mot propre, disent-ils. Oui, mais la bienséance & l'honnêteté sont préférables au mot propre, quand la fidélité de la traduction n'en est point altérée.

On prétend que vous avez traduit aussi infidélement tout ce qui regarde les deux sœurs Oola & Oliba, dans le même Ezéchiel aux chapitres 16 & 23. Le texte porte; *ubera tua intumuerunt*, *pilus tuus germinavit*, *vos tetons ont grossi*, *votre poil a pointé*. *Ædificavisti tibi lupanar*, *vous vous êtes bâti un bordel*. *Divisisti pedes omni transeunti*. *Vos avez ouvert vos cuisses à tous les passants*. *Oolla insanivit libidine super concubitum eorum*, *quorum carnes sunt ut carnes asinorum*, *& sicut fluxus equorum fluxus eorum*. Oola *s'est abandonnée passionément au coït avec ceux qui ont des membres d'âne*, *& dont la semence est comme la semence des chevaux*. Vous pourriez certainement adoucir les mots sans gâter la pureté du texte, la langue hébraïque se permettait des expressions que la française réprouve.

Ainsi nous ne voudrions point que vous traduisissiez les révélations du Prophête Osée selon la lettre, mais selon l'esprit. L'hébreu s'exprime ainsi à la vérité, le Seigneur dit à Osée (ch. 1.) *prenez une femme de fornication*, *& faites lui des fils de fornication*, *filios fornicationum*, selon la vulgate. Vous avez traduit ces mots par, *fils de putain*, cela est trop grossier, & vous deviez dire enfans de la débauche, enfans du crime.

Ensuite, lorsqu'au chap. 3. le Seigneur lui ordonne encor de prendre une femme adultere, & que le Prophête dit, *fodi eam pro quindecim argenteis*, *& coro hordei*, *je la caressai pour quinze drachmes & un septier d'orge*. Vous rendez ce mot *fodi* par le terme déshonnête qui lui répond. Gardez-vous de jamais tomber dans ces indécences.

Le commentaire ſur le nouveau Teſtament auquel vous travaillez, a d'autres inconvénients. Cette entrepriſe eſt d'un extrême difficulté; elle exige bien plus de connaiſſances qu'on ne croit. Celles même des Simon, des Fabricius, des Cotellier, des Caves, des Gréaves, des Grabe, ne ſuffiſent pas. Il faut comparer tout ce qui peut nous reſter des cinquante Evangiles négligés ou rejettés avec les quatre reçus. Il eſt très difficile de décider leſquels furent écrits les premiers. Une connoiſſance approfondie du Talmud eſt abſolument néceſſaire. On y rencontre quelques traits de lumiere, mais elles diſparaiſſent bientôt, & la nuit redouble. Les Juifs ne donnent point à Marie le même époux que lui donnent les Evangiles, ils ne font point naître Jéſus ſous Hérode; l'arrivée des Mages, leur étoile, le maſſacre des Innocens ne ſe liſent dans aucun Auteur Juif, pas même chez Flavian Joſephe, parent de Mariane femme d'Hérode. *Le Sepher Toldos Jeſchut* eſt trop rempli de fables abſurdes pour qu'on y puiſſe bien diſcerner le peu de verités hiſtoriques qu'il peut contenir.

Dans nos Evangiles il ſe trouve malheureuſement des contradictions qu'il ſemble impoſſible à l'eſprit humain de concilier. Telles ſont les deux généalogies de Jéſus, l'une par Matthieu & l'autre par Luc. Perſonne n'a jamais pu juſqu'à préſent trouver un fil pour ſortir de ce labirinthe ; & Paſcal a été réduit à dire ſeulement, *cela ne s'eſt pas fait de concert.* Non ſans doute, ils ne ſe ſont pas concertés, mais il faut voir comment on peut les rapprocher.

Le commencement de Luc n'eſt pas moins embarraſſant. Il eſt conſtant qu'il n'y eut qu'un ſeul dénombrement des citoyens romains ſous Auguste; & il eſt avéré que ceux qui en ont ſuppoſé deux, ſe ſont trompés. Il eſt encor avéré par l'hiſtoire & par les médailles que Cirenius ou Quirinius n'étoit point Gouverneur de Syrie quand Jéſus nâquit, & que la Syrie était gouvernée par Quintilius Varus. Cependant voici comme Luc s'exprime, *dans ces jours émana un édit de Céſar Auguſte, qu'il fût fait un dénombrement de tout l'Univers. Ce fût le premier dénombrement, lequel fut fait par Cirinius, on Quirinius préſident de Judée. Et comme chacun allait ſe faire enrégiſtrer dans ſa Ville; Joſeph monta de la Ville de Galilée Nazareth à la Cité de David Béthléem en Judée, parce qu'il était de la maiſon & de la famille de David.*

Nous avouons qu'il n'y a preſque pas un mot dans ce récit qui ne ſemble d'abord une erreur groſſiere. Il faut lire St. Juſtin, St. Irenée, St. Ambroiſe, St. Cirille, Flavian Joſephe, Hervard, Périzonius, Caſaubon, Grotius, le Clerc, pour ſe tirer de cette difficulté; & quand on les a lus, la difficulté augmente.

Le chapitre 21 de Luc vous jette dans de plus grandes perplexités. Il ſemble prédire la fin du monde pour la génération qui exiſtait alors. Il y eſt dit expreſſément, *que le fils de l'homme viendra dans une nuée avec une grande puiſſance & une grande majeſté.* St. Paul & St. Pierre annoncent clairement la fin du monde pour le temps où ils vivent.

Nous avons plus de cinquante explications de ces paſſages leſquelles n'expliquent rien du tout.

Vous n'entendrez jamais St. Paul, ſi vous ne liſez tout ce que les Rabins ont dit de lui, & ſi vous ne conférez les actes de Thecle avec ceux des Apôtres. Vous n'aurez aucune connaiſſance du premier ſiecle de l'Egliſe ſi vous ne liſez le

Pasteur d'Hermas, les Récognitions de Clément, les Constitutions Apostoliques, & tous les ouvrages de ce tems-là, écrits sous des noms supposés. Vous verrez dans les siecles suivants une foule de dogmes tous détruits les uns par les autres. Il est très-difficile de démêler comment le Platonisme se fondit peu-à-peu dans le Christianisme. Vous ne trouvez plus qu'un cahos de disputes que dix-sept cents ans n'ont pu débrouiller. Ah! notre frere, une bonne action vaut mieux que toutes ces recherches. Soyons doux, modestes, patients, bienfaisants. Ne barbotons plus dans les cloaques de la théologie & lavons-nous dans les eaux pures de la raison & de la vertu.

Nous n'avons plus qu'un mot à vous dire. Vous vantez avec justice des exemples de bienfaisance que les Anglais ont donnés, & des souscriptions qu'ils ont ouvertes en faveur de leurs ennemis mêmes: mais les Anglais prétendent qu'ils ne se sont portés à ces actes d'humanité que depuis les livres des Shaftsburi, des Bolingbrokes, des Colins, &c. Ils avouent qu'il n'y eut aucune action généreuse de cette nature dans le tems que Cromwell prêchait le fanatisme le fer à la main, aucune lorsque Jaques I^er^. écrivait sur la controverse, aucune quand le Tyran Henri VIII. faisait le théologien: ils disent que le Théisme seul a rendu la nation bienfaisante. Vous pourez tirer un grand parti de ces aveux, en montrant que c'est l'adoration d'un Dieu qui est la source de tout bien, & que les disputes sur le dogme sont la source de tout mal. Retranchez de la morale de Jésus les fadaises théologiques, elle restera divine; c'est un diamant qu'on a couvert de fange & d'ordure.

Nous vous souhaitons la modération & la paix.

SERMON

# SERMON

*Du Papa* NICOLAS CHARISTESKI, *prononcé dans l'Eglise de Ste.* TOLERANSKI, *village de Lithuanie le jour de Ste. Epiphanie.*

MES FRERES,

NOus faisons aujourd'hui la Fête de trois grands Rois, Melchior, Baltazar & Gaspard. Lesquels vinrent tout trois à pied des extrêmités de l'Orient, conduits par une étoile Epiphane, & chargés d'or, d'encens & de mirrhe, pour les présenter à l'enfant Jésus. Où trouverons-nous aujourd'hui trois Rois qui voyagent ensemble de bonne amitié avec une étoile, & qui donnent leur or à un petit garçon?

S'il y a de l'or dans le monde, ils se le disputent tous, ils ensanglantent la terre pour avoir de l'or, & ensuite ils se font donner de l'encens par mes confreres qui ne manquent pas de leur dire à la fin de leurs sermons, qu'ils sont sur la terre les images du Dieu vivant.

Nous croyons du moins dans ma Paroisse que le Dieu vivant est doux, pacifique, qu'il est également le pere de tous les hommes; que dans le fond du cœur il ne leur veut aucun mal; qu'il ne les a point formés pour être malheureux dans ce monde-ci, & damnés dans l'autre; ainsi nous ne regardons comme images de Dieu, que les Rois qui font du bien aux hommes.

Que Moustapha me pardonne donc si je ne puis le reconnaître pour image de Dieu. J'entends dire que cet homme, avec qui nous n'avions rien à démêler, s'est avisé d'abord de violer le droit des gens, de mettre dans les fers un Ministre public qu'il devait respecter, & qu'il a envoyé vers nos terres une troupe de brigands dévastateurs, n'osant pas y venir lui-même.

Je n'imaginerai jamais, mes Freres, que Dieu & un Turc sanguinaire & poltron se ressemblent comme deux goutes d'eau.

Mais ce qui m'étonne d'avantage, ce qui me fait dresser à la tete le peu de cheveux qui me restent, ce qui me fait crier *Heli*, *Heli*, *Lamma Sanathani* ou *Labasanathani*, ce qui me fait suer sang & eau, c'est que je viens de lire dans un Manifeste de Confédérés ou Conjurés de Pologne, comme il vous plaira, ces propres paroles (page 5.).

„ La Sublime Porte notre bonne voisine & fi-
„ dele alliée, excitée par les traités qui la tiennent
„ à la République & par l'interêt même qui l'atta-
„ che à la conservation de nos droits, a pris les
„ armes en notre faveur. Tout nous invite donc
„ à réunir nos forces pour nous opposer à la
„ chute de notre sainte religion. "

Ah! mes Freres, en quoi cette Porte est-elle Sublime? c'est la Porte du Palais bâti par Constantin & ces barbares l'ont arrosé du sang du dernier des Constantins. Peut-on donner le nom de Sublime à des loups qui sont venus égorger toute la bergerie? Quoi! ce sont des chrétiens qui parlent & ils osent dire qu'ils ont appellé les fideles Mahométans contre leur propre Patrie! contre les chrétiens!

Braves Polonais, ce n'était pas ainsi qu'on entendit parler & qu'on vit agir votre grand Sobieski, lorsque dans les plaines de Choksim il lava dans le sang de ces brigands la honte de votre nation qui payait un tribut à la Sublime Porte; lorsqu'ensuite il sauva Vienne du carnage & des fers; lorsqu'il remit l'Empereur chrétien sur son Trône: certes vous n'appelliez pas alors ces ennemis du genre humain *vos bons voisins & vos fideles alliés.*

Quel est le but, mes chers Freres, de cette alliance monstrueuse avec la Porte des Turcs? c'est d'exterminer les chretiens leurs freres qui different d'eux sur quelques dogmes, sur quelques usages, & qui ne sont pas comme eux les esclaves d'un Evêque Italien.

Ils appellent la religion de cet Italien, Catholique & Apostolique, oubliant que nous avons eu le nom de Catholiques longtems avant eux; que le mot de Catholique est un terme de notre langue, ainsi que tous les termes consacrés au Christianisme que nous leur avons enseigné; que tous leurs Evangiles sont Grecs; que tous les peres de l'Eglise des quatres premiers siecles ont été Grecs; que les Apôtres qui ont écrit, n'ont écrit qu'en Grec; & qu'enfin la religion Romaine, si décriée dans la moitié de l'Europe, n'est (si notre esprit de douceur nous permet de le dire), qu'une bâtarde révoltée depuis longtems contre sa mere.

Ils nous appellent des Dissidents; à la bonne heure; nous dissiderons, ou nous différerons d'eux, tant qu'il s'agira de sucer le sang des peuples, d'oser se croire supérieurs aux Rois, de vouloir soumettre les Couronnes à une triple Mitre, d'excommunier les Souverains, de mettre les Etats en interdit, & de prétendre disposer de tous les Royaumes de la terre.

Ces épouvantables extravagances n'ont jamais été reprochées, grace au ciel, à la vraie Eglise, à l'Eglise Grecque. Nous avons eu nos sottises, nos impertinences tout comme les autres, mes chers Freres, mais jamais de telles horreurs.

Dieu nous a donné un Roi légitimement élu, un Roi sage, un Roi juste, à qui on ne peut reprocher la moindre prévarication depuis qu'il est sur le trône. Les Confédérés ou Conjurés le persécutent, ils lui veulent ravir la couronne & peut être la vie, parce qu'ils le soupçonnent de quelque condescendance pour notre Paroisse de Ste. Tolérauski.

L'auguste Impératrice de Russie Catherine seconde, l'héroïne de nos jours, la protectrice de la

Sainte Eglise Catholique Grecque, fermement convaincue que le St. Esprit procede du Pere & non pas du Fils, & que le Fils n'a pas la Paternité, a jetté sur nous des regards de compassion. C'en est assez pour que les Sarmates de l'Eglise latine se déclarent contre Catherine seconde.

Ils publient dans leur Manifeste du 4e. Juillet 1769, (page 241.) „ qu'ils opposent aux Russes le courage & la vertu; que les Russes ne se sont jamais rendus dignes de la gloire militaire; que leur armée n'ose se montrer devant l'armée de la Sublime Porte.

On sait comment Catherine seconde a répondu à ces compliments en battant les Turcs partout où ses armées les ont trouvés, en les chassant de la Moldavie & de la Valachie entieres, en leur prenant presque toute la Bessarabie, Azoph & Taganrok; en faisant poser les armes à leurs Tartares, leur prenant leurs villes sur les deux bords du Pont-Euxin en Europe & en Asie, enfin en faisant partir des Escadres du fonds de la mer septentrionale pour aller détruire toute la flotte de la Sublime Porte à la vue des Dardanelles. Les Russes ont donc osé se montrer. Le Dieu Sabaoth a combatu pour eux, & il a été puissamment secondé par les Gédeons appellés Orlof, Romanzow, Gallitzin, Baver, Showalow, Spiritow, & tant d'autres qui ont rendu Saint Nicolas si respectable aux Mahométans.

Songez, mes chers auditeurs, que la main puissante de Catherine qui écrase l'orgueil Ottoman, est cette même main qui soutient notre Eglise catholique. C'est celle qui a signé que la premiere de ses loix est la tolérance. Et Dieu dont elle est en ce point la parfaite image, a répandu sur elle ses bénédictions.

Elle est Ointe, mes Freres. Pourquoi donc

les nations ont-elles médité des pauvretés contre l'Ointe, comme dit le Pſalmiſtė? C'eſt qu'il n'eſt plus en Europė de Godefroi de Bouillon, de Scanderberg, de Mathias Corvin, de Moroſini. Ce n'eſt que la Ruſſie qui produit de tels hommes.

Aujourd'hui les chrétiens latins appellent le grand Turc leur St. Pere. Grand ſaint Nicolas, deſcendez du ciel où vous faites une ſi belle figure, & apportez dans ma Paroiſſe l'étendart de Mahomet. Conjurez de Pologne, allez baiſer la main de Catherine. Nations ne frémiſſez plus: mais admirez.

Dieu m'eſt témoin que je ne hais pas les Turcs, mais je hais l'orgueil, l'ignorance & la cruauté. Notre Impératrice a chaſſé ces trois monſtres. Prions Dieu & St. Nicolas de ſeconder toujours notre Auguſte Impératrice.

## *LE TOCSIN DES ROIS.*

L'Europe a frémi de l'aſſaſſinat du Roi de Pologne. Les coups qui l'ont frappé ont percé tous les cœurs. Mais quelle puiſſance ſe met en devoir de le venger? Sera-ce la ſainte Vierge devant laquelle ces aſſaſſins jurerent ſur l'Evangile entre les mains d'un Dominicain de tuer le meilleur & le plus ſage Souverain qu'ait jamais eu la Pologne? Il eſt vrai que notre Dame de Cſentochova fait tous les jours des miracles, mais elle n'a pas fait celui de prévenir les deſſeins des conjurés; & jusqu'ici notre Dame de Pétersbourg eſt la ſeule qui venge l'honneur & les droits du trône. On voit encor à la honte de tous les chrétiens des garniſons turques dans des villes Polonaiſes: & ſans les véritables miracles des armées Ruſſes, les Ottomans ſeraient dans Varſovie.

L'Empereur des Romains qui ſait l'hiſtoire & qui eſt né pour faire des actions dignes de l'hiſtoire, ſait aſſez que ces Turcs ont mis deux fois le ſiege devant Vienne, & qu'ils ont fait plus de trois cents mille hongrois eſclaves.

Les barbares tyrans de Conſtantinople, ſouillés ſi ſouvent du ſang de leurs freres & de leurs viſirs, traitent tous les Rois de l'Europe comme les Romains traitaient autrefois les petits Princes de la Cappadoce & de la Judée. Il regardent nos ambaſſadeurs comme des Conſuls de marchands.

Mr. Porter, ci-devant Plénipotentiaire à Conſtantinople nous apprend que pour toute ſureté nos Ambaſſadeurs n'ont que des conceſſions dont on ne leur laiſſe que des copies qui ne ſont point anthentiques, & quelques privileges établis par l'uſage qui ſont toujours conteſtes.

Il nous dit que le grand viſir Jein Ali Pacha voulut il n'y a pas longtems les confiner tous dans l'île des Princes.

Quand un Ambaſſadeur eſt admis à l'audience du grand viſir, ce barbare couché ſur un ſopha le fait aſſeoir ſur un petit tabouret, lui dit quatre mots, & le renvoie, deux huiſſiers le prennent par les bras pour le faire pirouetter & pour le faire incliner devant leur maître. Les valets le huent & le ſiflent. Du moins il n'y a pas longtems que cette étiquette était obſervée.

S'il veut paroître à l'inutile audience du Sultan, on le fait attendre deux heures & ſouvent à la pluie & à la neige, dans une petite cour triangulaire, ſous un arbre autour duquel eſt un vieux banc pouri ſur lequel les marmitons de ſa hauteſſe viennent s'étendre. Il eſt ainſi conduit d'humiliations, en humiliations. Il diſſimule ces affronts & fait accroire à ſes commettants qu'ils ſont reçus avec toutes ſortes d'honneurs.

On ſait quelles indignités ont ſouvent ſouffertes les Bailes de Veniſe. La Cour de France ne doit pas avoir oublié que dans le tems brillant de Louis XIV, le Grand Viſir Mehemet Cuproglif fit donner à l'audience en 1758 un souflet à poing fermé au Sr. de la Haye Vantelet fils de l'Ambassadeur de France, Ambassadeur lui-même, & de plus Médiateur entre l'Empire Turc & Venise. On cassa une dent à ce Ministre, on le mit dans un cachot. Et pourquoi la Porte exerça-t-elle contre lui ces atrocités? Parce qu'il n'avait pas voulu expliquer une Lettre qu'il écrivait en chiffre à un provéditeur de Venise.

Comment cette Porte Ottomanne traite-t-elle les ministres d'une puissance à qui elle veut faire la guerre? Elle commence par les faire mettre en prison. C'est ainsi que Moustapha maintenant régnant, a fait enfermer au Château des sept Tours le Plénipotentiaire de Russie. Cet insolent affront fait à tous les Princes dans la personne de ce Ministre, a été bien vengé par les victoires du Comte de Romanzof, par les flottes qui sont venues du fond du Nord mettre en cendre les flottes Ottomanes à la vue de Constantinople sous le commandement des Comtes d'Orlof, par la conquête de quatre provinces, que les Princes Galitzin, Dolgorouki & tant d'autres généraux illustres ont arrachées aux Ottomans.

Tant d'exploits accumulés crient à haute voix au reste de l'Europe: secondez-nous & la tyrannie des Turcs est détruite.

Certes si l'Impératrice des Romains Marie Thérese voulait prêter ses troupes à son digne fils, qui pourait l'empêcher de prendre en une seule campagne toute la Bosnie & toute la Bulgarie, tandis que les armées victorieuses de l'Impératrice Catherine seconde marcheraient à Constantinople.

Combien de fois le Comte Marsilli qui connaissait si bien le gouvernement turc, nous a-t-il dit qu'il est aisé de jetter par terre ce grand Colosse qui n'est puissant que par nos divisions! je le répete après lui, c'eſt notre faute ſi l'Europe n'eſt pas vengée.

On craint que la Maiſon d'Autriche ne devienne trop puiſſante, & que l'Empereur des Romains ne commande dans Rome, aimez-vous mieux que les Turcs y viennent? Ce fut longtems leur deſſein, & il pouront un jour l'accomplir ſi on les laiſſe reſpirer & réparer leurs pertes.

On craint encor plus la Ruſſie. Mais en quoi cette puiſſance ſerait-elle plus dangereuſe que celle des Turcs? Et pourquoi redouter des fléaux éloignés, tandis qu'on peut détruire des fléaux préſents?

Quoi! on a donné la Toſcane à un frere de l'Empereur, Parme à un fils d'un Roi d'Eſpagne, on a dépouillé le Pape de Bénevent & d'Avignon ſans que perſonne ait murmuré; & on tremblerait d'ôter les états d'Europe à l'implacable ennemi de toute l'Europe! Les Vénitiens n'oſeraient reprendre Candie, on craindrait de rendre Rhode à ſes Chevaliers, on frémirait de voir le Turc hors de la Grece!

Nos neveux ne pouront un jour comprendre qu'on ait eu cette occaſion unique, & qu'on n'en ait pas profité. Et ſi ce fameux Piaſte Jean Sobiesky, ce vainqueur des Ottomans revenait au monde, que dirait-il en voyant ſes compatriotes s'unir avec les Turcs contre ſon ſucceſſeur!

Les folles croiſades durerent autrefois plus de cent années; & aujourd'hui la ſage union de deux ou trois princes eſt impraticable! Des millions d'hommes allerent périr en Syrie & en Egypte, & on tremble de laiſſer prendre Conſtantinople quand l'Egypte même nous tend les bras! Et cette malheureuſe inaction s'appelle politique! La vraie politique eſt de chaſſer d'abord l'ennemi commun. Laiſſez au tems le ſoin de vous armer enſuite les uns contre les autres. Vous ne manquerez pas d'occaſions de vous égorger.

FIN.

www.ingramcontent.com/pod-product-compliance
Ingram Content Group UK Ltd.
Pitfield, Milton Keynes, MK11 3LW, UK
UKHW021123220726
13924UKWH00004B/1871

9 782019 710477